Handlesen

Handlesen

Der Schlüssel zu Schicksal und Charakter

7HILL

Dieses Buch soll dem Einzelnen als Anregung dienen. Für seine Handlungen ist der Einzelne jedoch selbst verantwortlich. Eine Haftung des Verlages für Umstände, die aus oder im Zusammenhang mit der Nutzung des Buches resultieren, ist ausgeschlossen. Insbesondere ersetzt dieses Buch keine professionelle medizinische oder psychologische Hilfe bei Krankheiten und sonstigen Beschwerden.

Handlesen. Der Schlüssel zu Schicksal und Charakter

7Hill ist ein Imprint der Tandem Verlag GmbH

Autorin: Birgit Althaus
Layout & Satz: ce redaktionsbüro, Köln
Einbandgestaltung: Oliver Wirth, Paderborn
Einbandabbildung: CORBIS
Gesamtherstellung: Tandem Verlag GmbH, Potsdam

Printed in China

ISBN 978-3-8331-6084-4

10 9 8 7 6 5 4 3 2 1

Inhalt

Inhalt

Einleitung

Schon seit Urzeiten beschäftigen den Menschen die Fragen, wer er sei und was ihm die Zukunft bringen mag. Um diese Fragen zu beantworten, versuchten Seher die Zeichen der Natur zu entschlüsseln, beschworen magische Rituale oder lasen in der Physiognomie des Menschen.

Das Unverwechselbarste, Individuellste an einem Menschen sind neben Gesicht und Augen seine Hände. Es gibt sprechende Hände, heilende Hände, Klauenhände und Krallenfinger, man zeigt mit dem Finger auf jemanden, man reicht die Hand zum Gruß, zur Versöhnung oder man weist jemandem die Tür. Ohne Hände ist der Mensch verloren: Sie sind Werkzeug, Hilfsmittel, zum Leben notwendig. Und dieses Leben prägt sich in den Händen aus. Zarte Hände, schwielige Hände, knochige Hände sprechen oft schon allein durch ihr Aussehen von dem Leben, das ihr Träger führt. Sie unterstreichen eine aktive Persönlichkeit, sie liegen still im Schoß, wenn der Mensch in sich ruht.

Kein Wunder also, dass sich seit Jahrtausenden eine Kunst ausgebildet hat, die sich allein den Händen und ihrer Bedeutung für die Persönlichkeit und die Persönlichkeitsentwicklung widmet: das Handlesen.

Das vorliegende Buch gibt Ihnen einen Einblick in diese Kunst. Aber wie bei allen Künsten gilt auch hier: Aller Anfang ist schwer, und nur die Übung macht den Meister, denn eine Hand gibt ihr Wissen nicht ohne weiteres preis.

Beschäftigen Sie sich zuerst mit den Grundbegriffen, lernen Sie danach die Landschaft der Hände kennen und beginnen Sie dann mit ersten Deutungen.

Schauen Sie sich Ihre eigenen Hände an – Sie werden mit Sicherheit etwas über sich erfahren. Und zwar nur über sich selbst, nichts über die Hochzeit Ihrer Tochter, die Gesundheit Ihres Vater oder die Karriere Ihrer Freundin.

Wie bei allen Interpretationen gibt es jedoch auch beim Handlesen keinen Anspruch auf Allgemeingültigkeit und Vollständigkeit. Die Handlesekunst im modernen Verständnis einer Persönlichkeitsdeutung wird keine Antworten auf zukünftige, unumstößliche Ereignisse in Ihrem Leben geben können und wollen.

Handlesen ist kein Wahrsagen. Ihre Hände verraten nur Optionen, Gestaltungsmöglichkeiten für Ihr Schicksal und wie weit Sie diese verwirklicht haben, wo sie gebremst werden oder wo Ereignisse Ihren Lebensweg zu Umwegen zwingen. Lernen Sie diese Linien kennen, und Sie können im wahrsten Sinne des Wortes Ihr Leben in Ihre Hände nehmen.

Unsere Einführung hilft Ihnen, erste Schritte in diese Richtung zu gehen. Weiterführende Literatur finden Sie im Anhang.

Eine kurze Geschichte des Handlesens

Grundsätzlich geht es bei der Geschichte der Handlesekunst um zwei gegensätzliche Strömungen: der Chiromantie (*chiro* = Hand und *mantik* = Seherkunst) und der Chirologie (*logos* = Verstand, Vernunft). Während die Chiromantie sich mit Zukunftsdeutung im Sinn von Wahrsagen beschäftigt, ist die Chirologie eine auf Beobachtung und Erfahrung aufgebaute Wissenschaft, deren Ziel die Charakteranalyse ist.

Zwischen Wahrsagerei und Charakteranalyse

Im historischen Verlauf haben beide Aspekte immer mehr oder weniger die Praxis bestimmt. Oft ließ sich die Wahrsagerei besser verkaufen und war für den Kunden befriedigender als eine Deutung seines Charakters, denn auf Fragen wie: »Was geschieht im nächsten Sommer?«, »Heirate ich meinen Traummann?« oder »Mache ich das große Geld?« kann und will die seriöse Handlesekunst keine Antwort geben. Bei der modernen Handlesekunst überwiegen eindeutig die chirologisch-psychologischen Aspekte.

Frühzeit und Antike

Aus vorschriftlicher Zeit sind uns neben Tier- und Menschenabbildungen auch Handzeichnungen in Felsgestein oder Abbildungen als Kunstwerke überliefert, die ahnen lassen, dass Hände schon immer von elementarer Bedeutung waren und zwar nicht nur als praktische Helfer, sondern auch als spirituelle Werkzeuge.

Erste schriftliche Hinweise finden sich in altindischen Quellen zur Geschichte des Hinduismus, den Veden (*veda* = Wissen). Rund 1500 Jahre vor unserer Zeitrechnung beschreiben sie die Hand- und Fußzeichen ihrer Götter und ihre Bedeutung. Auch die altindische Medizin Ayurveda kennt die Überprüfung von Krankheitsdiagnosen anhand der Hände. In China, nachgewiesenermaßen ein Standort früher Hochkultur, entstand ebenfalls eine systematisierte Handlesekunst. Erste Schriften datieren aus dem 2. Jahrhundert v. Chr. In China wurde die Handlesekunst über Jahrhunderte bis heute dokumentiert und weiterentwickelt.

Assyrer, Chaldäer, Hebräer und Ägypter bedienten sich der Chiromantie, um die Zukunft zu deuten. Die Griechen hatten durch Eroberungen und Handelsbeziehungen einen regen Austausch mit diesen Kulturen; viele ihrer Schriften und Kenntnisse sind ins Arabische übersetzt worden und uns daher erhalten geblieben. Eine der ältesten, allerdings nicht im Original erhaltene, systematische Schrift über die Chiromantie soll von dem Griechen Artemidorus von Daldis (2. Jahrhundert n. Chr.) stammen. Für die Griechen jedenfalls gehörte Handlesen zum Alltag und galt als Zeitvertreib unter Gelehrten und Gebildeten. Auch bei Cicero und Juvenal finden sich Berichte über hochangesehene Römer, die der Kunst des Handlesens mächtig waren.

MITTELALTER

Antikes Wissen, besonders das der Griechen, gelangte über den Umweg einer arabisch-lateinischen Übersetzung wieder zurück ins Abendland. Die Schriften der arabischen Gelehrten Ibn Sina (Avicenna, 980–1037) und Ibn Ruschd (Averroes, 1058–1126) in lateinischer Übersetzung sind zwei wichtige Zeugnisse für die Verwendung der Handlesekunst im medizinischen und philosophischen Kanon der Zeit. So hatte die Handlesekunst zu jener Zeit ihren Platz innerhalb der Lehre von den verschiedenen Künsten und wurde als *ars magica* (magische Kunst) seit dem 12. Jahrhundert zu den *artes incertae* (verbotene Künste, dazu zählten Magie, Astrologie und Medizin), gerechnet.

Die Kirche tat die Chiromantie schon früh als Aberglauben ab und bekämpfte ihren Einfluss auf die Religiosität der Bevölkerung. Johannes von Salisbury (1115–1180), ab 1176 Bischof von Chartres, äußert sich in seinen Schriften dementsprechend negativ über das Wahrsagen aus der Hand. Das erste gedruckte Werk, das einerseits eine Beschreibung der Lehre des Handlesens gibt, sie aber gleichzeitig als Aberglauben brandmarkt und verdammt, ist das »Buch aller verbotenen Künste« (1456) von Johann Hartlieb. Die Ausübung der Chiromantie wurde kirchlich verboten, gedieh aber auf Jahrmärkten und als Gesellschaftsspiel weiterhin prächtig. Dennoch hinderte das Interdikt der Kirche Gelehrte nicht daran, einschlägige Werke, durch die das Wissen der Handlesekunst weiter tradiert wurde, zu veröffentlichen. Dazu zählen Werke wie »De phisiognomia« (1477) von Michael

Scott, die »Kunst der Chiromantzey« (1563) von Johannes Indagine, »Chiromantia theorica pratica« (1595) von Johannes Rothmann oder »Ludicrum chiromanticum« (1661) von Johann Prätorius. Auch in Italien, Frankreich, Belgien und England erschienen wichtige Werke oder Übersetzungen.

Aufklärung und Moderne

Aufklärerische Tendenzen und wissenschaftliche Sichtweisen ließen im 18. Jahrhundert keinen Platz mehr für die Chiromantie. Von einigen wenigen Gelehrten aber wurde die Chiromantie zur Wissenschaft erklärt. Der Theologe Johann Kaspar Lavater (1741–1801) versuchte in seinem Werk »Physiognomische Fragmente zur Beförderung der Menschenkenntnis und der Menschenliebe« (4 Bde., 1775–1778) nachzuweisen, dass sich vor allem im Gesicht, aber auch in den Händen des Menschen charakterliche Eigenschaften widerspiegeln – ein erster wissenschaftlich untermauerter Versuch, die Handlesekunst als Charakterdeutung denn als Wahrsagerei zu interpretieren.

Im 19. Jahrhundert gingen von Frankreich wichtige Impulse aus. Ein grundlegendes Werk veröffentlichte der Franzose Stanislas d'Arpentigny (1791–1866) mit »La Chirognomie. La science de la main ou l'art de reconnaitre les tendances de l'intelligence d'après les formes de la main« (1843), auf dessen Einteilung der Handformen (spatelig, eckig, konisch etc.) die moderne Chirologie noch heute zurückgreift.

In Deutschland folgte Dr. Carl Gustav Carus mit »Über Grund und Bedeutung der verschiedenen Formen der Hand in verschiedenen Personen« (1846) und in Frankreich veröffentlichte Adolphe Desbarolles (1804–1866), ein Schüler von d'Arpentigny, »Les Mystères de la Main«

(1859). In England erschien von William G. Benham »The Law of scientific hand reading« (1900) – der Versuch, die Hand nicht als Ansammlung von chirologischen Details, sondern als Ganzes zu deuten.

Gleichzeitig blieb das Handlesen »nach Art der Zigeuner« weiterhin beliebter Zeitvertreib. Bekanntester Vertreter dieser Richtung war der Herzog Louis Hamon (1860–1936), der unter seinem Künstlernamen *Cheiro* (griech. Hand) berühmt war. Unter anderem will er die Liebe zwischen dem englischen König Edward VIII. und der geschiedenen Amerikanerin Wally Simpson vorausgesehen haben. Cheiro war einer der letzten prominenten Vertreter dieser chiromantischen Handlesekunst.

Das 20. Jahrhundert bis heute ist geprägt von dem Bestreben, der Chirologie einen Platz im wissenschaftlichen Umfeld zu geben und Verbindungen zu Psychologie,

Physiognomie und Graphologie zu knüpfen. Zu nennen sind hier Autoren wie Georges Muchery »Chiromantie déductive et expérimentale«, Ursula Mangoldt »Schicksal in der Hand«, Henry Rem »Ce que révèle la main«, Fred Gettings »The Book of Palmistry« und Gertrud Hürlimann »Handlesen«. Allen Vertretern dieser Richtung ist die Auffassung gemeinsam, dass die Handlesekunst nicht mehr abhängig gemacht wird von einer speziellen Gabe, die Hand lesen zu können; das Handlesen ist im Gegenteil wie jede andere Wissenschaft erlernbar.

So zieht die Chirologie sich selbst enge systematische Grenzen für ihr Selbstverständnis. Aussagen wie »Eine kurze Lebenslinie bedeutet ein kurzes Leben« wird man in keiner seriösen Handlesesitzung mehr hören. Wohl aber eröffnen Ihnen moderne Handleser ein großes Spektrum an weiteren Deutungsinstrumenten von der Astrologie über Energiemeridiane bis hin zur Aura Ihrer Hände.

Grundlagen der Chirologie

Die Beschaffenheit der Hand

Die Hand trägt unveränderliche Merkmale. Dazu gehören die Form, die Größe, die Länge der Finger, Festigkeit, Flexibilität, Beschaffenheit der Haut etc. All diese Eigenschaften hinterlassen beim Betrachter einen ersten Gesamteindruck und lassen sich gut an der Außenhand ablesen und prüfen.

Die Innenhand dagegen ist ständigen Veränderungen ausgesetzt. Die Linien, die im Folgenden die Basis für unsere Deutungen sind, ändern sich im Laufe des Lebens. Sie können sich vertiefen, verästeln oder es kommen sogar neue hinzu – je nach der Lebenssituation des Trägers. Das heißt aber auch, dass das Persönlichkeitsbild, das auf der Interpretation der Handlinien beruht, immer nur eine Momentaufnahme ist. Es ist zum Zeitpunkt der Handlesesitzung gültig, kann sich aber im nächsten Jahr schon ganz anders akzentuieren. Wenn Sie also an einer Handdeutung interessiert sind, schauen Sie in größeren Zeitabständen in Ihre Hände, und überprüfen Sie die Entwicklung der Linien.

Beim Betrachten der Hände fällt auf den ersten Blick deren Unterschiedlichkeit auf. Die Form der Finger und deren Krümmung kann variieren. Auch die Linien der beiden Hände prägen sich unterschiedlich aus. Die Form oder die Größe einer Hand beruht natürlich zum Teil auf Vererbung, steht andererseits aber auch für das Typische eines Menschen. Hier finden sich allgemeingültige Gesetzmäßigkeiten, denen auch eine charakterliche Ausprägung bzw. ein ähnliches Verhalten und Erleben entspricht.

Unterscheiden sich die Linien Ihrer linken und rechten Innenhand, weist dies auf Folgendes hin: Die linke Hand zeigt, wie Sie selbst mit Ihren Eigenschaften umgehen, zeigt also das unbewusste Verhalten, während die rechte

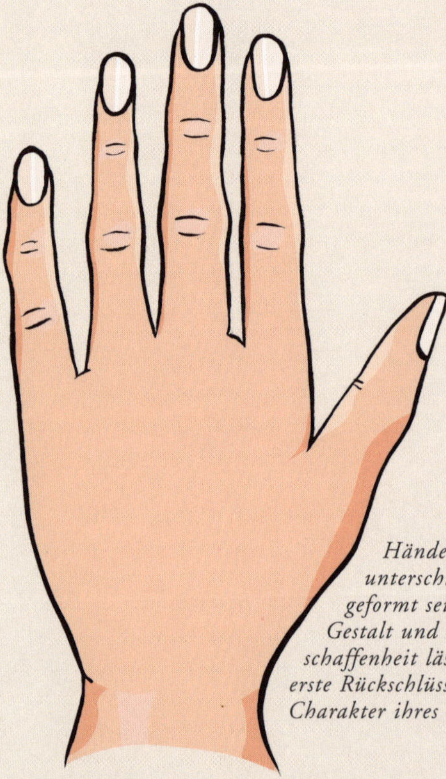

Hände können unterschiedlich geformt sein. Die Gestalt und die Beschaffenheit lässt bereits erste Rückschlüsse auf den Charakter ihres Trägers zu.

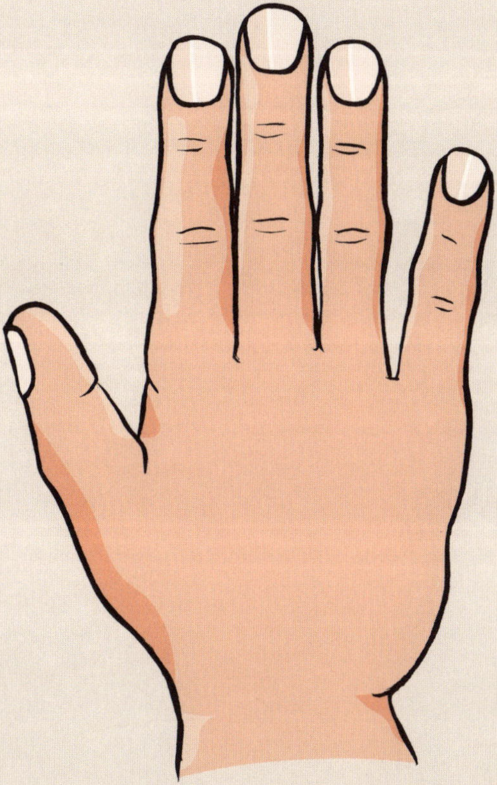

Seite offenbart, wie Sie mit diesen Anlagen öffentlich auftreten und nach außen wirken wollen, zeigt mithin den bewussten Umgang mit Ihren Eigenschaften.

Welche Hand ist nun interessanter? Diese Frage ist falsch gestellt, denn bei Deutungen ergänzen sich beide Hände. Ist die betrachtete Linie in beiden Händen nahezu identisch, werden Sie mit der interpretierten Situation oder Eigenschaft in Ihrem Leben kein Problem haben, Sie sind sozusagen in der Balance zwischen dem, was Sie sind und was Sie darstellen. Sind hingegen deutliche Unterschiede zu erkennen, kann das bedeuten, dass Sie diesen Teil Ihres Charakters unausgewogen leben und vielleicht in dem entsprechenden Bereich an sich arbeiten müssen, um ein befriedigenderes Lebensgefühl zu erreichen.

Natürlich lässt sich eine solche Veränderung bzw. Bewusstmachung der eigenen Stärken und Schwächen nicht mehr unbedingt in der Hand lesen, denn ein kleiner Zeigefinger, der für Unsicherheit steht, wird nicht mit gewonnener Selbstsicherheit im Laufe des Lebens länger. In der ehrlichen Auseinandersetzung mit sich selbst oder im Gespräch mit einem erfahrenen Handleser allerdings wird diese Charakteränderung deutlich.

Die Hand vermag aber auch Möglichkeiten aufzeigen, wie Schwächen in Stärken verwandelt werden können. Zeigt die Hand beispielsweise Ängstlichkeit, Gefühle auszudrücken (kurze Herzlinie), andererseits aber auch Einfühlsamkeit und große Intuition gegenüber anderen (Mondberg, Neptunlinie), kann diese Eigenschaft auch für die Person selbst zugänglich gemacht werden, sodass sie lernen kann, ihren Gefühlen zu vertrauen und sie auch auszudrücken.

Anhand dieser wenigen Beispiele sehen Sie bereits, dass immer beide Hände betrachtet und alle Merkmale einer

Hand gut gegeneinander abgewogen werden sollten, um ein deutliches Persönlichkeitsbild zu erhalten.

Die Hand und ihre Merkmale

Jede Handlesesitzung beginnt mit der Analyse der Außenhand. Hierzu gehören optische Merkmale, die sensitive Beschaffenheit, Proportionen und Formen.

Große und kleine, breite und schmale Hände

Ob eine Hand groß oder klein ist, ergibt sich aus ihrem Verhältnis zum Körper. Ein Anhaltspunkt kann hier das Gesicht sein: Gesichtslänge und Handlänge sollten sich ungefähr entsprechen. Breite oder schmale Hände lassen sich ähnlich ermitteln: Wenn beide Hände nebeneinander gelegt werden, sollte das Gesicht bedeckt sein. Auch das Geschlecht ist zu berücksichtigen: Frauenhände sind von Natur etwas kleiner und zarter gebaut als die männlichen Hände.

Grundsätzlich bedeuten alle waagerechten Proportionen stoffliche, materielle Ausrichtungen und alle senkrechten geistige, intellektuelle Anlagen. Eine breite Hand gehört also einem erdverbundenen Menschen. Ist die Hand dazu noch kurz, steht eine praxisnahe Denkausrichtung und eine manuelle Begabung im Vordergrund. Je länger und schmaler der Eindruck der Hand ist, umso geistiger und ideeller ist die Tendenz dieses Menschen.

Mittelwerte, Personen also mit in ihren Proportionen normal scheinenden Händen, haben die besseren Voraussetzungen, ihre Fähigkeiten sowohl intellektueller als auch materieller Art darzustellen und zu leben.

Sind Hände größer und breiter als oben beschrieben, gehören sie meist körperlich arbeitenden Menschen. Ihre Hände haben Werkzeug-Charakter.

Große Hände erscheinen wie Tast-Instrumente, mit denen der Mensch sich in seine Umwelt wagt und sie sich aneignet. Menschen mit großen Händen betrachten ihre Umgebung vorsichtig bis distanziert, sie erfassen Einzelheiten genau, gründlich und präzise mit Geschick. Spezialisten haben oft große Hände, die feinmotorisch sehr gut einsetzbar sind. Sind große Hände dazu noch schlank, überwiegt die intellektuelle Veranlagung, geistreich von der Tendenz, aber sehr von sich überzeugt. Große, starke Hände lassen auf einen angenehmen Charakter schließen, der praxisbezogener ausgerichtet ist, als dies bei Menschen mit großen, schlanken Händen der Fall ist. Die Erfassung von Einzelheiten, der Sinn für analytisches Vorgehen und die Gründlichkeit können sich aber auch nachteilig auswirken: Der

Mensch verliert vor lauter Detailbesessenheit den Gesamtüberblick, kann daher kleinlich und pedantisch werden.

Menschen mit kleinen Händen agieren oft spontan, sind lebhaft und instinktsicher in ihrer Ausdrucks- und Handlungsweise. Sie können gut organisieren, weil sie den Blick für das Wesentliche haben, auf das sie zielstrebig hinarbeiten. Der Nachteil ist, dass sie oft Details übersehen und flüchtig oder ungenau arbeiten.

Harte, feste und weiche Hände

Ein Mensch mit harten Händen ist aktiv, praktische Ziele stehen bei ihm im Vordergrund. Er ist ich-bezogen, selbstbeherrscht und ausdauernd, hart bis unnachgiebig, wenn es um die Durchsetzung seiner Interessen geht und nimmt auch Unannehmlichkeiten in Kauf, wenn das Ziel für ihn lohnend erscheint. Diese Tendenzen hemmen den Ausdruck von Gefühlen. Sind die Hände übertrieben hart und knochig, lässt dies auf Habsucht schließen.

Die Festigkeit einer Hand wird geprüft, wenn bei entspannter Hand die Fingerknöchel zusammengedrückt werden. Feste Hände deuten auf Mut, Tatkraft, Energie, Ausdauer, Ernsthaftigkeit und Konsequenz. Menschen mit festen Händen liebe klare, schnelle Entschlüsse und denken methodisch. Wegen ihrer direkten, oft unverblümten Ausdrucksweise sind sie aber nicht immer höflich. In der Partnerschaft oder Familie mangelt es ihnen an Zärtlichkeit.

Menschen mit weichen Händen lieben Ruhe und Bequemlichkeit. Sie gelten als empfindsam und fantasievoll. In Kombination mit einer weichen Haut werden diese Eigenschaften noch verstärkt. Diese Menschen sind anpassungsfähig, duldsam, wandlungsfähig und diplomatisch. Sinnlichkeit aber hemmt auch Aktivität und Widerstandskraft. So sind sie leicht beeinflussbar, können träge und genusssüchtig, launenhaft oder verträumt sein. Weiche Hände, die dazu noch breit sind, weisen auf Gutmütigkeit hin.

Sind Hände geschmeidig, also sowohl flexibel als auch fest, gehören sie einem Menschen, der nicht nur tatkräftig, sondern auch fantasievoll ist. Er kann seine intellektuellen Fähigkeiten und seine Gemütskräfte gleichermaßen umsetzen.

Eigenschaften der Hände werden wie folgt interpretiert:

- warm: warmherzig, mitfühlend
- kühl: ruhig, besonnen, Gefühle werden versteckt
- trocken: tatkräftig, beweglich
- feucht: erhöhte Empfindsamkeit
- zeitweise feucht: nervös, schüchtern, leicht erregbar
- blasse Farbe: zurückhaltend
- gerötet: praktisch veranlagt

Die Handhaltung

Bei einer auf den Tisch gelegten Hand oder entgegengestreckten Hand lassen sich an der Handhaltung einige Deutungsansätze feststellen.

Sind die Finger eng aneinandergelegt, weist dies auf einen eher introvertierten Menschen hin. Auch nach innen geneigte Fingerspitzen lassen die gleiche Erkenntnis zu. Sind die Fingerspitzen eher nach innen gekrümmt, sehen sie wie Raff-Werkzeuge aus, ist ihr Träger ein egoistischer, sparsamer bis geiziger Mensch.

Liegen die Finger locker, leicht gespreizt nebeneinander, handelt es sich um einen extrovertierten Menschen, der offen für seine Umwelt ist und gerne Kontakt zu seinen Mitmenschen hat. Kommen noch nach außen gebogene Fingerspitzen hinzu, verfügt ein solcher Mensch über Feinfühligkeit, schnelle Auffassungsgabe und Anpassungsfähigkeit. Er kann aber auch zu Überempfindlichkeit neigen.

Rumpfhand und Fingerhand

Jede Handlesesitzung beginnt mit der Analyse der Außenhand. Das Verhältnis zwischen Handteller und Fingern gibt Auskunft darüber, wie ein Mensch seine Anlagen und sein Wesen (Handteller) nach außen trägt (Finger). Gemessen wird die Handfläche innen vom Rumpfansatz bis zum Mittelfingeransatz und von diesem dann bis zur Fingerspitze. Normal ist eine Ausgewogenheit zwischen beiden – natürlich nicht auf den Millimeter genau. Ist der Handteller länger, bedeutet dies, dass viele Qualitäten im Inneren verborgen sind und bleiben, wenn nicht die Herausforderung angenommen wird, diese auch zu verwirklichen. Eine solche Hand ist aktiv-nützlich und realitätsbezogen (Rumpf-

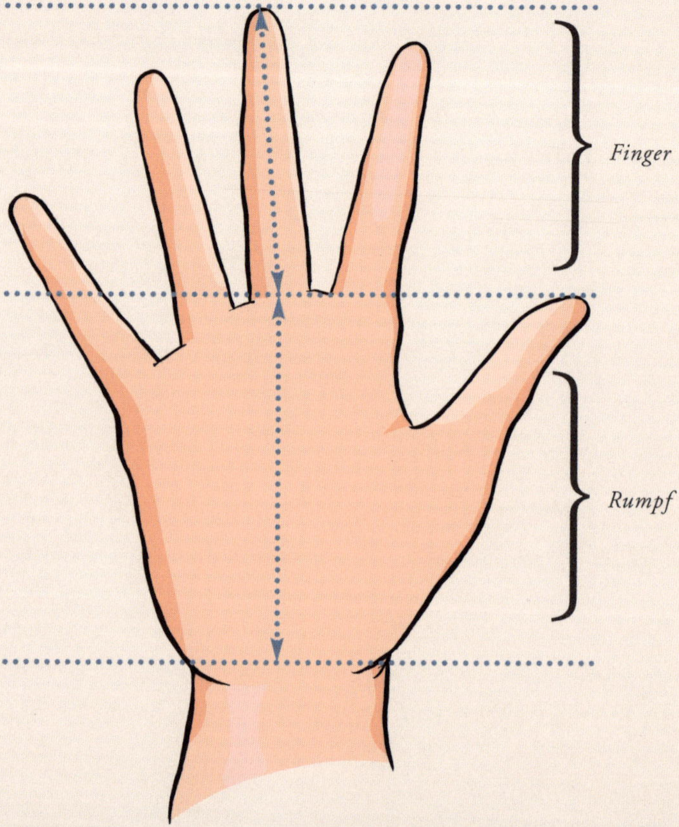
Finger
Rumpf

hand). Lange Finger zeigen, dass es einer solchen Person leicht fällt, nach außen zu wirken, Eindrücke zu sammeln. Hier liegt der Schwerpunkt auf geistigen Interessen, Fantasie und Kreativität stehen im Vordergrund (Fingerhand). Bei zu langen Fingern kann jedoch der Bezug zur Realität verloren gehen.

Ich- und Du-Seite

Eine Hand teilt sich auch vertikal in zwei Bereiche: die Ich- und Du-Seite. Eine gedachte Linie quer durch den Mittelfinger zeigt die grundsätzliche Ausrichtung. Daumen und Zeigefinger gehören auf die Ich-Seite, die darüber Auskunft gibt, wie stark sich der Mensch für seine Interessen einsetzt, wie stark er seine Fähigkeiten einbringt. Die Ich-Seite ist die aktive Seite. Der Mittelfinger gehört zu beiden Welten, er verbindet Ich und Du. So besitzt er eine

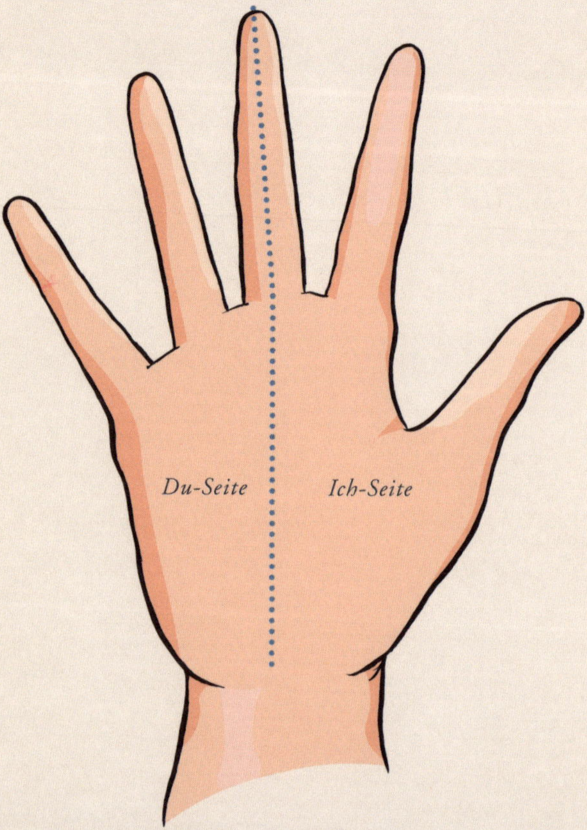
Du-Seite
Ich-Seite

gewisse Wirkung nach außen in die Welt, zeigt aber auch, welche Verantwortung für andere Menschen übernommen wird. Ring- und kleiner Finger repräsentieren die passive Du-Seite. Die Du-Seite steht für Partnerschaft, Familie, Kommunikation und Kreativität.

Manche Hände wirken auf der Ich-Seite stärker: Ein kräftiger Daumen und Daumenballen, ein langer Zeigefinger und ein gerader Mittelfinger sprechen für die Ich-Betonung. Ein solcher Mensch ist selbstbewusst bis autoritär, er kann seine Interessen hervorragend nach außen vertreten und durchsetzen. Ist die Handaußenkante dagegen sehr ausgebuchtet, liegt das Gewicht der Hand also auf kleinem Finger, Ringfinger und Mittelfinger – hier ist der Ringfinger oft länger als der Zeigefinger – ist die Du-Seite betont. Hier fallen rezeptive Eigenschaften stärker aus, Kreativität, Fantasie, Einfühlungsvermögen und eine besondere Begabung für Kommunikation stehen im Vordergrund.

Ist keine deutliche Betonung erkennbar, wird von einer ausgewogenen Hand gesprochen. Diese Menschen können die verschiedenen Bereiche sehr gut miteinander verbinden: Sie können führen und sich durchsetzen, berücksichtigen aber auch immer das soziale Miteinander. Jedoch können sich Phasen der Unentschlossenheit bemerkbar machen. Der Träger einer solchen Hand probiert alles aus, ist aber für nichts richtig zu begeistern. Hier hilft es, sich selbst Ziele und Schwerpunkte in privater und beruflicher Hinsicht zu setzen.

Die Form der Hand

Für die Interpretation und Deutung der Persönlichkeit ist weiterhin die Form der Hand und der Finger entscheidend. Grundsätzlich werden drei beziehungsweise vier Handformen unterschieden.

Die eckige Hand

Die eckige Hand entspricht einem fast quadratischen Rumpf und geraden Fingern, die optisch die Hand zu einem Rechteck verlängern. Menschen mit eckigen Händen setzen sich bewusst mit der Realität auseinander, sind vernunftorientiert und pflichtbewusst, ruhig, gründlich-methodisch und schätzen wegen ihres Ordnungssinns geregelte Zustände. Materielle Sicherheit, Tradition und ethische Normen zählen in ihren Werten. Zu ausgeprägt können sich diese Eigenschaften in Langeweile, Starrsinn, Pedanterie, Materialismus und Schwerfälligkeit verkehren.

Die Spatelhand

Die spatelförmige Hand besitzt einen zu den Fingerknöcheln breiter werdenden Handteller; die Finger verlängern

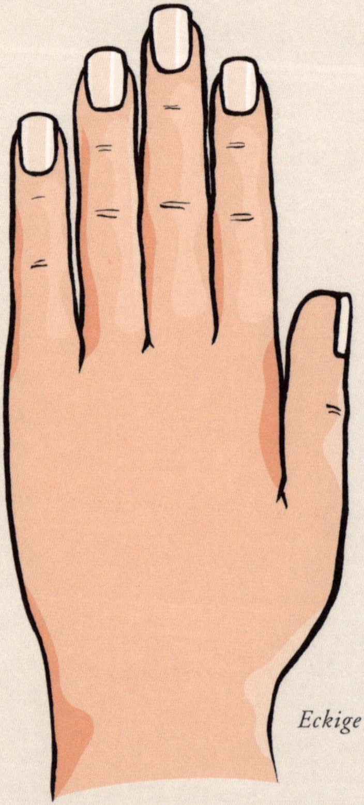

Eckige Handform

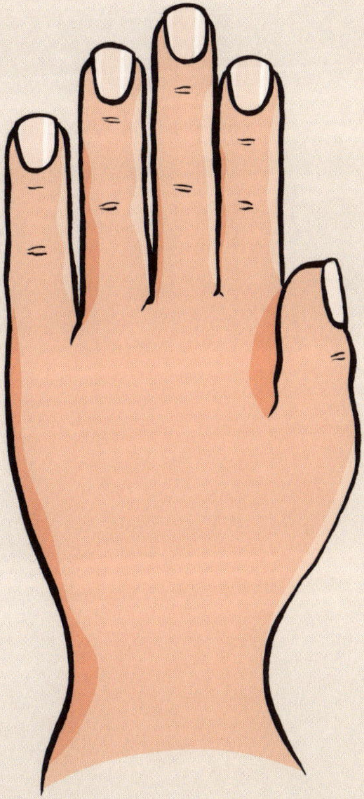

Spatelhand

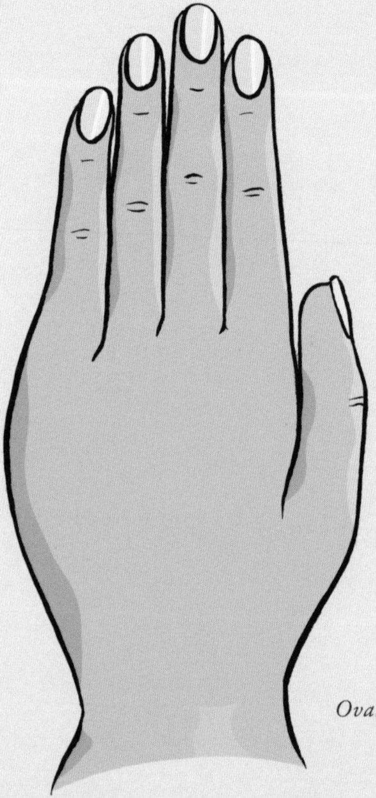

Ovale Handform

die Form weiter nach außen, sodass eine Spatelform entsteht. Die Spatelhand ist die Hand eines aktiven, durchsetzungsstarken und -willigen Menschen, dessen Ziel die Erreichung und Befriedigung praktischer Lebensbedürfnisse ist. Diese Hand gehört einem Kämpfer mit Bewegungsdrang und Zähigkeit beim Verfolgen seiner Ziele. Derartige Menschen neigen im Negativen zu Dominanz, Herrschsucht, Rastlosigkeit und Rücksichtslosigkeit.

Eine besondere Spielart der Spatelhand ist die ovale Hand. Hierbei formen die Finger ab Knöchelhöhe durch ihre Anlehnung nach innen ein Oval. Der starke Rumpf steht für aktive Durchsetzungsfähigkeit. Die nach innen geneigten Finger lassen auf Fantasie, emotionale Tiefe und Sinnlichkeit schließen. Finger und Handrumpf versuchen eine Synthese einzugehen, eine Balance zwischen Dominanz und Einfühlungsvermögen zu finden. Die Ich-Bezogenheit ist hier nicht so stark ausgeprägt wie bei der Spatelhand, deshalb brauchen Ovalhänder die Bestätigung von außen (Familie, Freunde, Arbeit), dass ihr Tun richtig ist. Das gibt ihnen Sicherheit und sie sind dann sehr leistungsstark. Ein zu großes Anlehnungsbedürfnis, ein stetes Um-sich-selbst-Kreisen und die Abhängigkeit von der Bestätigung anderer sind die Kehrseiten.

Die konische Hand

Verjüngt sich die Hand vom Rumpf aus zu den Fingerknöcheln und laufen die Finger fast in Form eines Dreiecks spitz zu, spricht man von einer konischen Hand. Die spitz zulaufenden Finger und der schwächer ausgeprägte Handteller lassen auf eine geistig-seelisch orientierte Persönlichkeit mit Intuition und Einfühlungsvermögen schließen. Körperliche Anstrengungen spielen weniger eine Rolle, dagegen werden alle kommunikativen und schöngeistigen

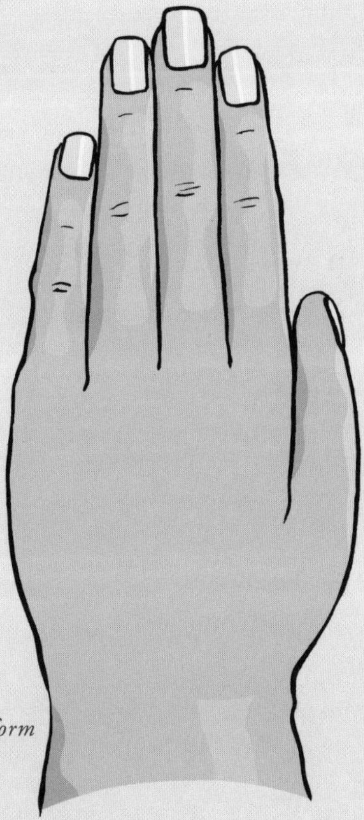

Konische Handform

Dinge bevorzugt. Realitätssinn, Selbstdisziplin oder Geschäftstüchtigkeit sind nicht sehr stark ausgeprägt. Ein Hang zu Labilität, Unselbstständigkeit, Genusssucht und Verführbarkeit ist gegeben.

Die Mischhand

Menschen mit Mischhänden, die keiner der oben genannten Formen eindeutig zugeordnet werden können, sind am häufigsten anzutreffen. So ist beispielsweise eine Eckhand mit konischen Fingern nicht so vernunftbetont. Der Mensch ist wärmer, umgänglicher, freundlicher, gefühlvoller, und er lässt für Kunst und Musik eine gewisse Begabung erkennen. Umgekehrt ist eine konische Hand mit eckigen Fingern ernster und nüchterner: Die Lockerheit wird durch die Vernunftbetonung in gemäßigtere Bahnen gelenkt. Bei einer Mischhand können sich die Eigenschaften vielseitiger, aber auch spannungsgeladener ausdrücken. Solche Menschen sind fähig zur Synthese dieser Eigenschaften. Sie fühlen sich aber auch oft hin- und hergerissen und leider unter einer nicht genauer zu spezifizierenden Unzufriedenheit. Die Eigenschaften der verschiedenen Handformen in einer Hand können sich so entweder als positive Leistung auswirken oder als negatives Versagen.

Die Finger

In der Chirologie hat jeder Finger einen Götternamen erhalten. Den Göttern wurden in der Antike bestimmte Eigenschaften zugesprochen, die als Qualitätsmerkmal auf den jeweiligen Finger übertragen wurde.

- Der Daumen ist der Marsfinger, er steht für Willenskraft, Energie und Triebhaftigkeit.

- Der Zeigefinger entspricht Jupiter, der für Selbstdarstellung, Stolz und Führungsqualität steht.
- Der Mittelfinger heißt Saturnfinger; er steht für Gesetzestreue, Lebensernst und Schicksalsbewältigung.
- Der Ringfinger hat seinen Namen Apollo zu verdanken, er steht für Ideale, Kunst und Schönheit sowie Gerechtigkeit. Manchmal wird er auch der Venus zugeordnet, die für Einfühlsamkeit und Partnerschaft steht. Im Ringfinger vereinen sich beide Naturen.
- Der kleine Finger wird Merkur zugerechnet, der für Kommunikation, Handel und Kontakte zu den Mitmenschen steht.

Die Finger- und Nagelform

Die Formen der Hand lassen sich auch auf die Finger anwenden: Betrachtet man das Nagelglied, lassen sich eckige, spatelförmige und konisch-spitze Finger unter-

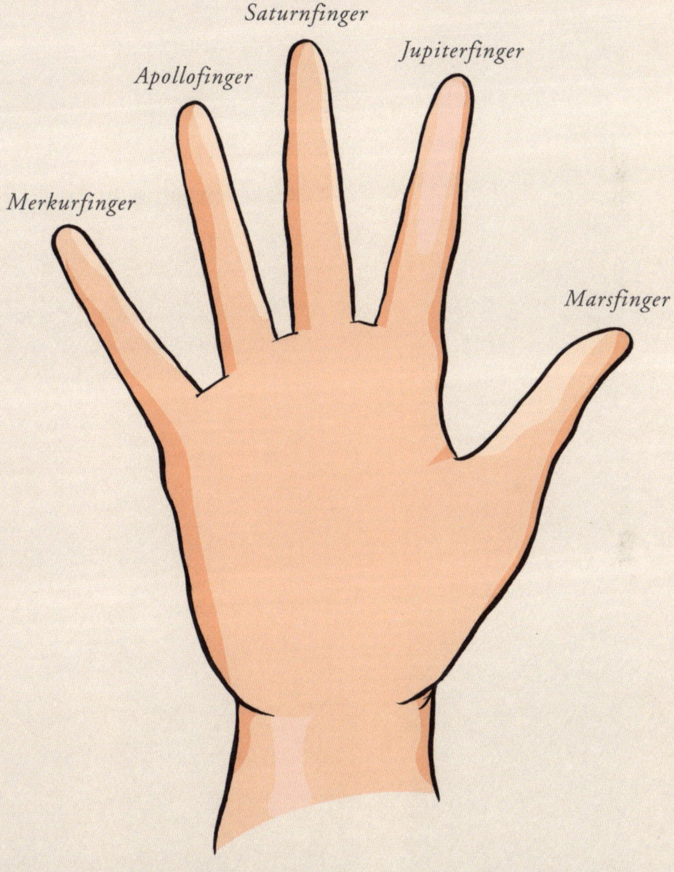
Saturnfinger
Jupiterfinger
Apollofinger
Merkurfinger
Marsfinger

scheiden. Entsprechend gibt es eckige, dreieckige und spitze, mandelförmige Nägel.

Die Zuordnung erfolgt entsprechend den Eigenschaften der Handformen. Ein spatelförmiger Finger oder Nagel steht demnach für Aktivität, wirtschaftliche und praktische Interessen. Der Träger von eckigen Fingern und Nägeln bevorzugt vernünftige, systematische Entscheidungen, ihm gelingt sowohl eine reelle Einschätzung der Wirklichkeit als auch eine Hinwendung zu ethischen Idealen. Menschen mit spitzen Fingern und mandelförmigen Nägeln haben künstlerische Interessen, ein großes Harmoniebedürfnis und Einfühlungsvermögen.

Fingerform und Nagelform können je nach Finger oder Hand variieren, was dann eher auf Vielseitigkeit der Interessen und des Ausdrucks schließen lässt. Zu beachten ist bei einer Deutung auch immer die grundlegende Bedeu-

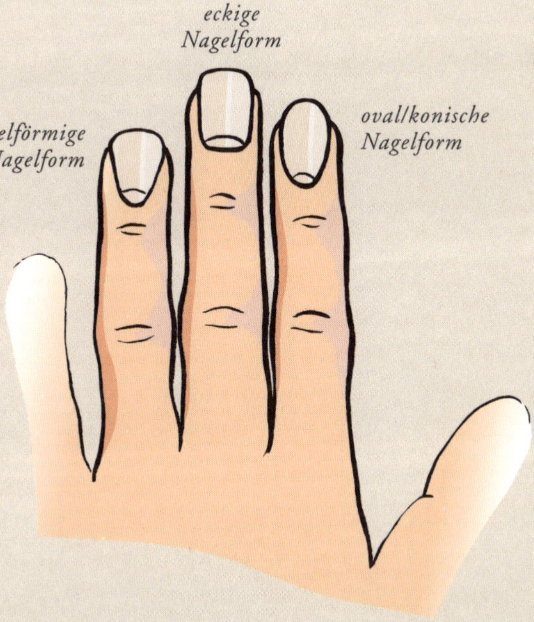
eckige
Nagelform
spatelförmige
Nagelform
oval/konische
Nagelform

tung des Fingers in Zusammenhang mit der entsprechenden Form, die dann die Eigenschaft des Fingers (beispielsweise Zeigefinger = Selbstbewusstsein und Durchsetzungsvermögen) stärken oder schwächen kann.

Die Glieder der Finger

Wenn Sie Ihre Hand betrachten, werden Sie feststellen, dass manche Finger gerade wirken, andere dagegen scheinen wie eingeschnürt zu sein, und die Gelenke wirken knotig.

Anatomisch besteht jeder Finger aus drei Gliedern: dem Wurzel-, dem Mittel- und dem Nagelglied. Das Wurzelglied verbindet den Menschen mit dem Bereich der Hand, der dem materiellen Bereich zugeordnet wird. Dieses Fingerglied steht also für das materiell Machbare, welche Aktivität und Ausdauer der Mensch an den Tag legt, um seine

Ziele zu verwirklichen. Ein langes Wurzelglied deutet auf eindringliche Tatkraft, das im oberen Finger Angedeutete sinnvoll umzusetzen.

Das Mittelglied ist das Symbol für die bewusste Wahrnehmungskraft, die intellektuellen und rationalen Fähigkeiten, die eingesetzt werden, um Handlungen zu gestalten. Je länger dieses Glied ist, desto ausgeprägter sind das logische Denkvermögen, eine gute Urteilskraft und Wahrnehmungsfähigkeit.

Das Nagelglied letztlich deutet auf die geistig-seelische Aufnahmefähigkeit des Menschen hin. Menschen mit langen Nagelgliedern sind intuitiv, spontan, mit einer guten, unmittelbaren Auffassungsgabe, geistig beweglich und kreativ. Schöpferisch tätige Menschen besitzen am Nagelglied darüber hinaus oft eine gut ausgeprägte Fingerbeere (Fingerkuppe).

Fingerknoten und Taille

An der Außenhand sind Fingerknoten besonders gut zu sehen. Der Finger wirkt am Glied schmaler als am Gelenk, als wenn er eine Taille besitzen würde. Die Gelenke treten wie Knoten hervor.

Unterschieden werden der philosophische oder geistige Knoten zwischen Finger- und Mittelglied und der materielle Knoten zwischen Mittel- und Wurzelglied. Menschen mit einem philosophischen Knoten sind logische Denker, kritisch und arbeiten geistig präzise. Im Negativen neigen sie zu Misstrauen und Grübeleien. Der materielle Knoten bedeutet, dass sich sein Träger gemäß seiner Erfahrungen praxisnah entscheidet, seine Umwelt und seine erreichbaren Ziele realistisch einschätzt und Ordnung bevorzugt. Solche Menschen können aber auch zu Kleinlichkeit und Neid tendieren.

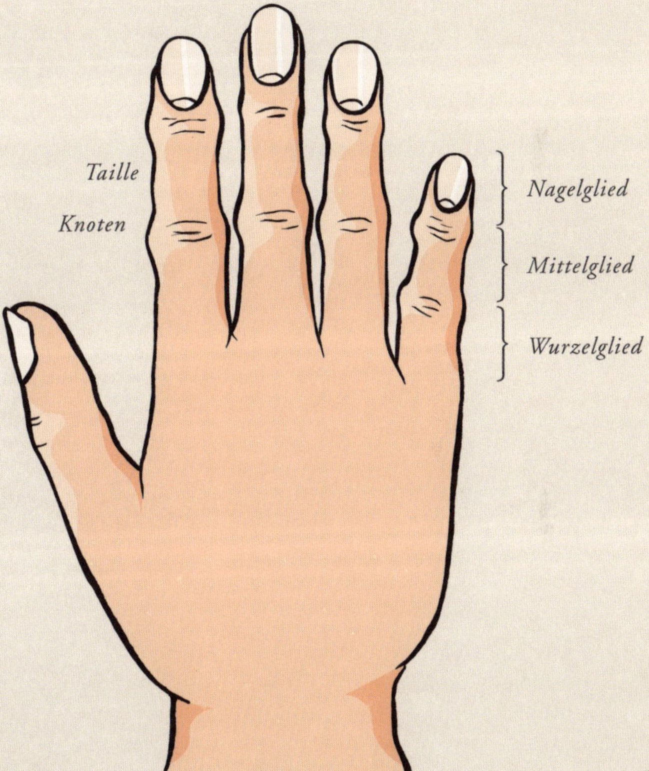
Taille
Knoten
Nagelglied
Mittelglied
Wurzelglied

Schöpferische, kreative Menschen, die einfühlsam auf ihre Umwelt reagieren, anpassungsfähig und spontan sind, haben meist glatte, gerade Finger. Sie sind allerdings auch prädestiniert für Sorglosigkeit, Verführbarkeit und Chaos.

Die Taille an einem Fingerglied bedeutet allgemein, dass sich hier die Kraft des Fingers durch ein Hindernis quälen muss, der Energiefluss also gehemmt ist.

Rillen auf den Fingern

Von der Fingerspitze bis zum Wurzelglied laufen viele kleine oder einige kräftige Rillen vertikal durch den Finger. Sie unterstützen die Fingerglieder bei ihren Aufgaben. Je eindeutiger eine deutliche Linie den Finger von oben nach unten durchzieht, desto ausgeprägter und ausgeglichener ist hier die Eigenschaft des Fingers. Auf den Fingerkuppen

(Nagelgliedern) bedeuten diese Linien eine übermäßige Verstärkung der Finger-Eigenschaft.

Querlinien auf den Fingern weisen auf Hemmnisse, Hindernisse und Blockaden hin, die der Mensch überwinden sollte, um an sein Ziel zu gelangen. Nicht immer sind solche Blockaden negativ zu beurteilen. Auf dem Zeigefinger können sie auf diplomatisches Geschick hinweisen, anderen Menschen nicht generell dominant entgegenzutreten.

Die Fingerkuppe

Grundsätzlich gilt: Je ausgeprägter, kugeliger und voller die Fingerkuppe (Fingerbeere) ist, desto zielstrebiger und kraftvoller werden die Vorstellungen des Trägers in diesem Fingerbereich durchgesetzt. Bei einer abgeflachten Spitze werden die Möglichkeiten einer Handlung eher noch einmal durchdacht, überprüft und behutsamer, manchmal auch mit größeren Ängsten, durchgesetzt.

Neigung der Finger

Einige Finger scheinen sich an andere anzulehnen, ihre Fingerkuppen wenden sich nach rechts oder links einem Partner zu. Dann verbinden sich die Eigenschaften der beiden Finger.

Die Flexibilität der Finger

Die Bedeutung der Biegsamkeit der Finger liegt darin, wie flexibel der Mensch auf neue Situationen reagiert, wie er mit unvorhergesehenen Ereignissen und Entscheidungen umgeht.

Lassen sich die Finger der Hand – abgesehen vom Daumen – nur unter Schwierigkeiten Richtung Handrücken biegen, kann sich ein solcher Mensch sich nur schwer in neue Situationen einfinden. Nicht geplante Ereignisse, unerwartete Entscheidungen überfordern ihn und werfen ihn regelrecht aus der Bahn.

Lassen sich die Finger dagegen weit nach hinten biegen, bedeutet dies, dass sich ein solcher Mensch zu sehr an andere anpasst. Hier wäre mehr Eigenständigkeit und Rückgrat bei der Wahrnehmung der eigenen Interessen gefragt.

Die goldene Mitte liegt bei einem Winkel von ungefähr 30 Grad. Mit einer derartigen Flexibilität ausgestattet, wahrt der Träger einer solchen Hand seine Interessen, kann sich aber gleichzeitig gut auf andere Menschen und neue Situationen einstellen.

DIE BEDEUTUNG DER FINGER

Der Daumen (Marsfinger)

Mars war der Gott des Krieges. Er besaß einen unbändigen Expansionsdrang, setzte sich willensstark durch, war vital und leidenschaftlich in sexueller Hinsicht. Aufgrund dieser Eigenschaften erhielt der stärkste und aktivste Finger, der Daumen, seinen Namen.

Schon die Länge des Daumens sagt etwas über das Durchsetzungsvermögen aus. Ein langer Daumen reicht bis an die Spitze des Wurzelglieds des Zeigefinger. In diesem Fall ist der Willensausdruck groß bis zur Herrschsucht. Reicht der Daumen nur bis zur unteren Hälfte des Wurzelglieds des Zeigefingers, ist der Wille, sich zu behaupten, nur gering ausgeprägt. Ein normaler Daumen reicht bis zur Mitte des

Zeigefinger-Wurzelglieds. Dies steht für Toleranz, Offenheit und Rücksicht gegenüber seinen Mitmenschen.

Ein tief angesetzter Daumen lässt sich sehr weit abspreizen. Der Winkel beträgt dann über 90 Grad. Ein solcher Daumen verrät Aufgeschlossenheit mit einem Freiheitsdrang, der umso größer ist, je weiter sich der Daumen abspreizen lässt. Ein kleiner Abspreizwinkel von rund 30 Grad findet sich bei einem hoch angesetzten Daumen. Er weist auf einen eigenwilligen, unflexiblen Menschen hin, der anlehnungsbedürftig ist, weil er selbst über wenig eigene Willenskraft verfügt und insgeheim darunter leidet. Ein Winkel zwischen 60 und 90 Grad deutet auf ein ausgewogenes Verhältnis zwischen Willenskraft und Anpassungsbereitschaft.

Ist der Daumen kurz, kräftig und wenig flexibel, spricht dies für einen Willen, der sich aktive und passive Phasen gönnt, in den aktiven Phasen dann aber leicht zur Rück-

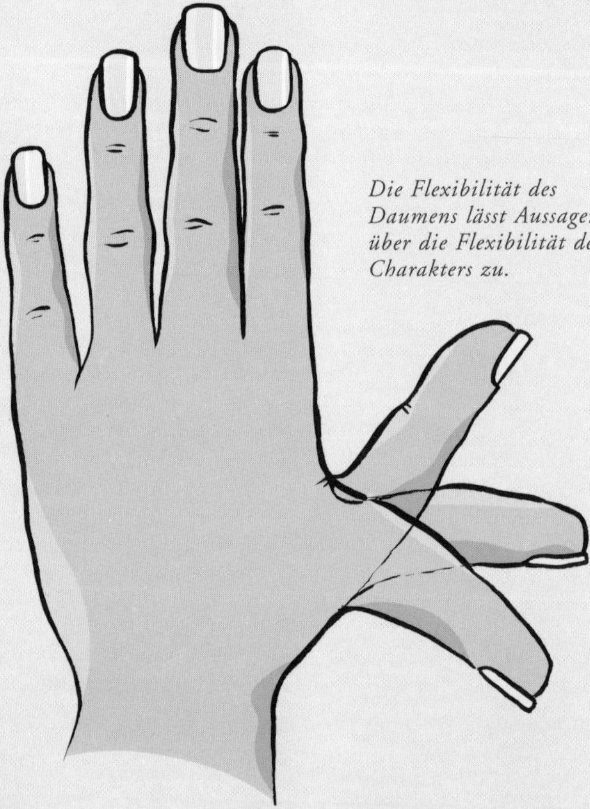

Die Flexibilität des Daumens lässt Aussagen über die Flexibilität des Charakters zu.

sichtslosigkeit neigt, weil er etwas beweisen will. Ein langer, schmaler und beweglicher Daumen dagegen weist darauf hin, dass sein Träger angepasst und zurückhaltend ist, weil hier Wille und Trieb durch Vernunft und Anpassung gebändigt werden. Ist der Daumen gerade, im Extremfall noch mit runder Fingerbeere, wirken Wille und Triebe ungezügelt auf das Ziel hin – positiv mit großer Begeisterung und Leidenschaft, negativ mit Rücksichtslosigkeit und Herrschsucht. Hat der Daumen eine Taille (schmale Stelle) am Mittelglied, eventuell in Kombination mit einer flachen Fingerspitze, kann der Mensch sich zügeln und seine Ziele mit diplomatischem Geschick verfolgen.

Ist das Nagelglied spatelförmig, besitzt sein Träger eine geballte Lebensenergie, die schlimmstenfalls brutal und grausam bei der Durchsetzung des Willens zu Tage treten kann. Bei einem eckigen Nagelglied ist der Träger von Natur aus praktisch veranlagt und kann seinen Willen gezielt und diplomatisch einsetzen. Ein spitzes, konisches Nagelglied lässt auf mangelnde Durchsetzungskraft schließen. Solche Menschen sind nachsichtig und nachgiebig.

Eine Ausbuchtung am Übergang von Wurzelglied zu Handgelenk – der so genannte Harmoniepunkt – ist Ausdruck eines starken Harmoniebedürfnisses. Ein weiterer wichtiger Punkt am Daumen ist die Stelle zwischen Wurzelglied und Mittelglied. Hier liegt der Kairospunkt, der für das Zeitgefühl steht.

Der Zeigefinger (Jupiterfinger)

Benannt nach dem Göttervater Zeus/Jupiter drückt der Zeigefinger entsprechend autoritäre, selbstbewusste Eigenschaften des Trägers aus, der sich und seinen Führungsanspruch durchzusetzen weiß. Selbstbewusstsein steht hier aber auch für die Fähigkeit zur Selbsteinsicht, die Voraussetzung für Würde und Weisheit sein kann. Der Jupiterfinger ist der Finger, mit dem der Mensch sich in der Welt bewusst orientiert. Er steht für die Verstandeskräfte und Sinne, die der Einschätzung des Machbaren dienen. Die Verwirklichung der Persönlichkeit steht hier im Vordergrund, aber auch seinem Umfeld kann ein derart selbstbewusster Mensch mit Rat und Tat zur Seite stehen.

Ein Zeigefinger, der kürzer als der Ringfinger ist, deutet vordergründig auf ein gering entwickeltes Selbstwertgefühl hin. Unsicherheit, Angst vor Kritik, Selbstzweifel prägen das Verhalten eines solchen Menschen. In Zusammenhang mit einen kleinen Daumen bedeutet diese Kombination Introvertiertheit. Der Zeigefinger, der bis zur Mitte des Nagelglieds des Mittelfingers reicht, hat eine normale Länge. Hinter einem solchen Finger verstecken sich Führungsqualitäten und die Fähigkeit, aus sich herauszugehen, ohne allzu stark anzuecken. Als lang gilt ein Zeigefinger, wenn er bis zur oberen Hälfte des Nagelglieds des Mittelfingers reicht oder sogar darüber hinausgeht (hoch angesetzter Zeigefinger). Zusammen mit einem starken Daumen bedeutet ein langer Zeigefinger eine aktive, selbstbewusste, durchsetzungsstarke Persönlichkeit mit einem starken Ego. Beeinflussbar sind diese Menschen kaum, sie wollen eher jede Situation im Griff haben und nach ihrem Willen gestalten. Logische Argumente, eine gute Beobachtungsgabe und ein ausgeprägter Sinn für die Realität unterstreichen den Führungsanspruch. Ein zu langer Zeigefinger weist jedoch auf Egozentrik hin. Eigenschaften wie Selbstüberschätzung, Statusstreben oder die Forderung nach Sonderbehandlung machen es schwer, mit einem solchen Menschen gut auszukommen.

Unterstrichen werden die Eigenschaften des Jupiterfingers je nach Stärke und Ausprägung des Fingers. Ein kräftiger

Finger wird weniger Probleme haben, Machbares umzusetzen als ein schmaler Finger, dem es an Durchsetzungskraft mangelt.

Neigt sich der Zeigefinger zum Mittelfinger hin, zieht der Träger sein Selbstbewusstsein aus der Pflichterfüllung und der Zustimmung seiner Mitmenschen.

Die Nagelglieder und Form der Nägel lassen weitere Analysen zu. Ein spatelförmiger Nagel bedeutet, dass nur konkret materiell Machbares mit Ehrgeiz, Energie und Machtanspruch verwirklicht wird. Eine eckige Nagelform weist darauf hin, dass der eigene Wille erst einer eingehenden intellektuellen Analyse unterzogen wird. Ein rundlicher, konischer, spitzer Finger mit entsprechendem Nagel erspürt eher Religiöses, Transzendentales oder Okkultes. Einfühlsam und sensibel kann er oft diese Eindrücke nicht vernunftmäßig und intellektuell verarbeiten. Je spitzer der Finger, desto wahlloser strömen diese Eindrücke auf den Menschen ein, desto sensibler und empfänglicher ist er für diese Eindrücke aus dem geistig-seelischen Bereich und desto weniger auf Materielles ausgerichtet sind seine Interessen.

Hat der Zeigefinger eine Taille, muss sich der Ehrgeiz und die Durchsetzungskraft immer aufs Neue an Widerständen reiben, bis die Ziele erreicht sind.

Der Mittelfinger (Saturnfinger)

Saturn gilt als ernster, pflichtbewusster Gott, der sich zur Wahrung seiner Aufgaben Selbstdisziplin auferlegte, dessen Gewissen mahnte, wenn er aufgeben wollte und der standhaft blieb, wenn angenehmere Beschäftigungen lockten. Entsprechend steht der längste Finger der Hand für Zuverlässigkeit, Durchhaltevermögen und Erfüllung der vom

Leben gestellten Aufgaben. Als mittlerer Finger verbindet er die Ich- mit der Du-Seite, er weist auf die Balance zwischen persönlichen Interessen und ihrer Durchsetzung und der Hinwendung zum Du, zur Welt hin. Nicht ohne Grund wird der Saturnfinger auch Schicksalsfinger genannt.

Geradlinigkeit und Stärke des Mittelfingers weisen auf einen Menschen hin, der sich der Verantwortung stellt, sein Leben schicksalsbewusst trägt, von Gerechtigkeitsgefühl und Pflichtbewusstsein geprägt ist. Konzentriert gehen diese Menschen Aufgaben an, sind gut vorbereitet, umsichtig und klug. Ist der Saturnfinger jedoch zu lang, ist dies eher ein Zeichen für Überforderung, die bei dem Träger Schuldgefühle auslöst, weil er mit dem Leben nicht zurechtkommt. Melancholie und eine zaudernde, abwartende Lebenseinstellung können die Folge sein. Ein kurzer Mittelfinger lässt auf mangelnde Konzentrationsfähigkeit schließen. Ein solcher Mensch kann nicht gut planen, er ist ungeduldig, ihm mangelt es an Pflichtgefühl und manchmal auch an sozialer Kompetenz. Ist der mittlere Finger breiter als die anderen Finger, handelt es sich um einen bedächtigen Menschen.

Besitzt der Saturnfinger eine Taille, tut sich sein Besitzer schwer, seine vom Leben gestellten Aufgaben zu erfüllen. Er ist von Sorgen und Grübeleien erfüllt, ob das Leben und alles, was damit zusammenhängt, überhaupt einen Sinn ergäbe.

Ist der Mittelfinger frei und steht gerade ohne Krümmung zu den Nachbarfingern, steht ein solcher Mensch zu seiner Verantwortung und lässt sich auch nicht durch äußere Umstände von seiner Pflichterfüllung abbringen. Neigt sich der Saturnfinger zum Ringfinger, spricht dies für einen musischen, sensiblen Menschen, der sein Leben sehr ernst nimmt. In einer Partnerschaft besteht die Tendenz, wegen seines großen Anlehnungsbedürfnisses sich selbst aufzugeben. Ist der Mittelfinger zum Zeigefinger geneigt, handelt es sich um einen selbstsicheren, unter Umständen auch extrovertierten Menschen.

Der Träger eines spatelförmigen Saturnfingers setzt sich verstärkt mit materiellen Dingen auseinander. Hier findet er seine Erfüllung und weiß instinktiv um das richtige, korrekte Handeln. Ist das Nagelglied eckig, liegt die Begabung eher in intellektuellen Aufgaben. Solche Menschen gehen den Dingen auf den Grund. Der konische Finger widerspricht im Grunde der Bedeutung des Saturnfingers, denn derartigen Menschen ist mit ihrer Leichtsinnigkeit und Labilität kein Verantwortungsgefühl gegeben. Das Leben bedeutet für sie eher eine Belastung, der sie sich nicht gewachsen fühlen. Ein eckiger Nagel auf einem konischen Finger würde eine solch negative Veranlagung deutlich in Richtung Pflichtbewusstsein verbessern.

Der Ringfinger (Apollofinger)

Apollo war der Sonnengott (daher nennt man den Apollofinger in der Chirologie auch Sonnenfinger), er war der Gott der Musen und Künste, und ihm war das Orakel in Delphi unter dem Leitspruch »Erkenne Dich selbst« geweiht.

Entsprechend steht der Apollofinger für musische, kreative, fantasievolle, sensible und einfühlsame Fähigkeiten, einerseits für das eigene Empfinden, andererseits, da er auf der Du-Seite der Hand steht, auch für die emotionale Hinwendung zu Mitmenschen, zum Partner, zur Familie. Wie der Einzelne diese Eigenschaften in die Realität umsetzt, verraten Apollolinien, der Venusberg und die Schicksalslinien.

Der Apollofinger ist die innere Ergänzung zu seinem Pendant auf der Ich-Seite, dem Jupiterfinger. Gleiche Länge beider Finger bedeutet ein Gleichgewicht zwischen aktiven und rezeptiven Kräften.

Ein langer, schöner Ringfinger verspricht Formgefühl, Sinn für Ästhetik, Einfühlungsvermögen und Lebensfreude. Menschen mit einem derartigen Finger lieben Applaus und Öffentlichkeit. Ist der Ringfinger länger als der Zeigefinger, sind die künstlerischen und emotionalen Anteile stärker ausgeprägt. Ein langer Ringfinger lässt diplomatisches Geschick vermuten, wenn der Daumen und der kleine Finger (Kommunikation) mitspielen. Reicht der Apollofinger jedoch fast bis zur Spitze des Mittelfingers, läuft ein solcher Mensch Gefahr, sich wirklichkeitsfern in Fantasievorstellungen zu verlieren, er spekuliert gern, ist oberflächlich, eitel und waghalsig.

Ist der Ringfinger kürzer als der Zeigefinger, überwiegen Ehrgeiz und Vernunft. Besitzt der Mensch einen sehr kurzen Ringfinger, ist das ein Hinweis, dass weder Ideale existieren noch eine harmonische Du-Beziehung machbar ist, weil es an Einfühlungsvermögen mangelt.

Neigt sich der Ringfinger zum Mittelfinger, läuft der Mensch Gefahr, sich selbst klein zu machen und andere zu überhöhen. Besonders in einer Partnerschaft wird sich ein solcher Mensch zurücknehmen.

Die Nagelglied- und Nagelform gibt wie immer die Richtung an, in die sich die Begabung des Apollofinger bewegt. Die Spatelform zeigt realistische, aktive Gestaltungskräfte an, die, wenn sie im Bereich der Kunst liegen, sich gerne mit beweglichen Motiven beschäftigen und wechselnde Ausdrucksformen bevorzugen. Außerdem ist solch ein Mensch gemeinhin ein Genießer. Mit einem eckigen Glied/Nagel werden Kunst und Ideale verbunden. Künstlerische Anschauungen werden mit Beständigkeit verfolgt.

Konstanz aber wird auch bei Partnerschaft und zwischenmenschlichen Beziehungen angestrebt. Ein spitzes Endglied weist zwar auf ein großes Einfühlungsvermögen, ästhetisches Empfinden und starke Seelenkräfte hin, gleichzeitig aber auch auf eine gewisse Lockerheit, Instabilität und Praxisferne, sodass keine wirklichen Leistungen zu erwarten sind.

Der kleine Finger (Merkurfinger)

Merkur war der Götterbote, er vermittelte zwischen den Göttern des Olymp und den normalen Menschen. Eine schnelle Auffassungsgabe, Redegewandtheit, Überredungskunst und geschicktes Handeln werden ihm zugeschrieben. Der Merkurfinger zeigt also, wie und auf welche Weise der Mensch mit seiner Umwelt Kontakt aufnimmt und kommuniziert.

Ein gerader, normaler Kleinfinger reicht bis zum Ansatz des Nagelglieds des Ringfingers. Er offenbart Gefühl für Rhythmus und Sprache sowie einen gesunden Menschenverstand. Ist er länger, überwiegen Redegewandtheit, schnelle Auffassungsgabe, geistiger Elan und Großzügigkeit. Bei einem zu langen Merkurfinger sind zwar die kommunikativen Fähigkeiten bestens ausgeprägt, durchaus aber auch im Sinn von Schwatzhaftigkeit. Dinge werden übertrieben positiv dargestellt, sogar schöngeredet. Beziehungen zu Mitmenschen verlaufen oft unharmonisch, weil Einfühlungsvermögen und die Gabe zum Zuhören fehlen. Überlange Merkurfinger-Träger sprechen gerne von sich, lassen andere nur selten zu Wort kommen. Ein kurzer Finger spricht für schnelle Auffassungsgabe, aber verbale Zurückhaltung. Gefühle oder Entscheidungen werden oft nicht mehr kommuniziert, sondern ohne Rücksprache umgesetzt – manchmal zu voreilig. Ist der Kleinfinger zu kurz, fühlt sich ein solcher Mensch von seiner Umwelt und mitmenschlichen Beziehungen schnell überfordert. Frustrationen und negative Gefühle können nicht verarbeitet und bewältigt werden, sodass auf Dauer angelegte feste Beziehungen schwierig sind.

Ist der kleine Finger zum Ringfinger geneigt, wird der eigene Standpunkt schnell von der Meinung des Partners abhängig gemacht. Das kann zwar diplomatisch sein, ist aber auch ein Hinweis auf ein geringes Selbstvertrauen und Selbstwertgefühl. Steht der Merkurfinger gerade, werden Aussagen unabhängig vom Urteil anderer getroffen. Ein solcher Mensch steht auch verbal für sich ein. Mancher Kleinfinger spreizt sich nach außen ab. Hier handelt es sich um einen Menschen, der seine Meinungen unabhängig von anderen, außerhalb gewohnter Bahnen, kundtun möchte.

Ein spatelförmiges Nagelglied lässt auf instinktsichere Geschäftstüchtigkeit schließen. Bei einem eckigem Glied kommen Organisationstalent, wissenschaftliche Interessen und Redebegabung hinzu. Die spitze Form verstärkt noch die geistig-seelischen Grundeigenschaften des Merkurfingers: Einfühlungsvermögen, Gewandtheit im Ausdruck und Intuition.

Die Berge der Hand

Reliefartig prägen zehn kleine und größere Erhebungen die Innenhand. Sie werden Berge genannt und haben in der Chirologie mythologische Namen erhalten.

Die Handberge sind vergleichbar mit Energiespeichern, sie verraten motorische oder seelische Potenziale. Die Ausprägung der Handberge kann sich im Laufe eines Lebens ändern, genauso wie sich auch die Vitalkräfte und seelischen Energien verändern. In vielen Fällen sind die Berge

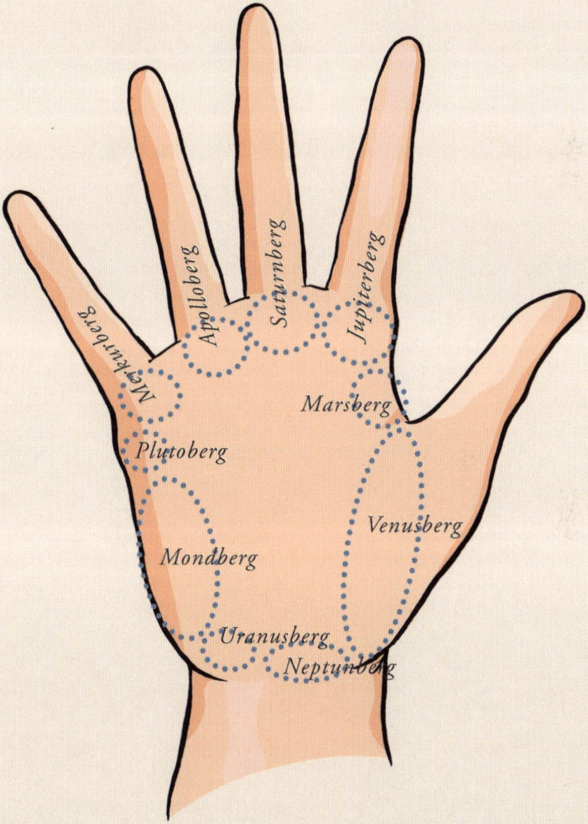
Merkurberg
Apolloberg
Saturnberg
Jupiterberg
Marsberg
Plutoberg
Venusberg
Mondberg
Uranusberg
Neptunberg

regelrecht als kleiner Ballen tastbar. Als flach gelten sie, wenn sie eher einer Ebene gleichen.

Zeichen oder senkrechte Linien auf den Fingerbergen bedeuten eine Verstärkung der dort angelegten Potenziale.

Der Venusberg (Daumenballen)

Der Venusberg liegt auf dem Daumenballen und wird von der Lebenslinie umschlossen. Er ist der größte der Handberge. Er liegt auf der Wurzel des Daumens und symbolisiert das Potenzial für den Ich-Antrieb, drückt also aus, wie stark die Lebenskräfte eines Menschen entwickelt sind, mit welchem Willen und welcher Kraft er sich durchsetzt, welchen Machtanspruch er hat. Zur Durchsetzungskraft zählt auch die arterhaltende Libido, der Fortpflanzungswunsch zur Weitergabe des genetischen Erbguts. Ein gut ausgeprägter Venusberg bedeutet also nicht nur ein gutes Durchsetzungsvermögen in Bezug auf Umwelt und Mitmenschen sowie eine aktive Lebensgestaltung, sondern auch eine sinnliche und ursprüngliche Sexualität. Menschen mit ausgeprägtem Venusberg plagen keine Selbstzweifel und materielle Sorgen. Sie besitzen Formgefühl, Familiensinn und haben eine warme, herzliche Ausstrahlung.

Ein zu hoher Venusberg dagegen ist Ausdruck von überhöhten Ansprüchen an sich und das Leben. Genussfreude und Triebhaftigkeit beherrschen solche Menschen. Ist der Venusberg auch noch ohne Linien (im Verlauf zur Lebenslinie), brechen sich die Triebkräfte unbeherrscht Bahn, weil sie kein Ventil besitzen.

Ein Mensch mit schwach ausgeprägten Daumenballen braucht Unterstützung zur Stärkung seines Selbstvertrauens. Oft sind diese Menschen auch von zarter Konstitution, nur wenig belastbar, schnell erschöpft. Sie wirken oft auch lebensfern, distanziert und kühl.

Der Venusberg ist von feinen waagerechten Linien durchzogen, die vom Daumen quer über den Berg hin zur Lebenslinie laufen. Dies sind die so genannten Energielinien. Sie stehen für fruchtbare Erfahrungen, die den Menschen im Leben weiterbringen. Vitalität und Gefühle werden sozusagen kanalisiert und können ausgelebt werden.

Verlaufen senkrechte Linien von der Handwurzel aus in den Venusberg, bedeutet dies, dass vitale Ausdrucksformen blockiert werden. Diese zu überwinden ist eine Lebensaufgabe.

Bilden Energielinien mit diesen Blockaden ein Gitter, ist die Forderung, seinen eigenen Vitalkräften Ausdruck zu verleihen, umso deutlicher.

Beim Vergleich des linken und rechten Daumenballens lässt sich am Linienbild erkennen, ob in der inneren Anlage, also im unbewusst-seelischen Bereich, diese Kräfte wirken, oder im Äußeren.

Im Zusammenspiel mit den Fingern der Ich-Seite ergibt sich folgendes Bild: Setzt ein langer Daumen an einen flachen Venusberg an, ist ein solcher Mensch willenstark, aber nicht sehr emotional. Umgekehrt – ist der Venusberg ausgeprägt, der Daumen kurz – ist die gefühlvolle Seite gegenüber dem Durchsetzungswillen betont. Bei vollem Venusberg und stark ausgeprägtem Zeigefinger setzt sich der Mensch ehrgeizig für seine Belange ein. Auch eine Partnerschaft wird vital mit Lebensfreude, Vertrauen und ausgeprägter Sexualität gelebt.

In Verbindung mit einem geraden Mittelfinger ist ein hoher Venusberg immer auch ein Zeichen für eine ausgesprochen harmonische Verbindung von Treue, Verantwortungsgefühl, Lebensfreude und Vitalität.

Der Marsberg

Der Marsberg liegt über dem Venusberg in der Handfalte zwischen Daumen und Zeigefinger. Er wird sichtbar, wenn bei leicht ausgestreckter Hand der Daumen hin- und herbewegt wird.

An dieser Position liegt das Energiedepot für die Auseinandersetzung mit den Anforderungen des Lebens. Der Marsberg verstärkt noch einmal die Anlagen des Venusbergs, besonders wenn auf ihm Energielinien in Richtung zur Lebenslinie zu sehen sind. Hier liegen Antriebskraft, Begeisterungsfähigkeit, Unabhängigkeitsdrang und auch Willenstärke verborgen.

Treffen diese Willenstärke und dieses Durchsetzungsvermögen aber auf einen Widerstand, zeigt sich, wie kämpferisch ein Mensch ist, wenn es hart auf hart kommt, und wie deutlich er seinen Machtanspruch (Venusberg) durch konkrete Machtausübung demonstriert.

Menschen mit gut ausgeprägtem Marsberg gehen mit einer natürlichen Selbstsicherheit an die Dinge des Lebens heran, sie arbeiten gerne und zügig, sind mutig und entschlossen. Oft haben sie noch so viel überschüssige Energie, dass sie sich nicht nur für sich selbst und die eigene Familie einsetzen, sondern sich auch für andere engagieren. Entweder pflegen sie ihre Freundschaften sehr intensiv oder sie arbeiten im sozialen Bereich ehrenamtlich.

Besonders im Zusammenhang mit einem gut entwickelten Saturnfinger kämpfen solche Menschen altruistisch für Ziele und Ideale. Sie sind geprägt von Verantwortungsbewusstsein auch für andere. Sind aber zusätzlich Daumen und Zeigefinger gut entwickelt, droht Bevormundung statt Fürsorglichkeit.

Ein überdeutlich ausgeprägter Marsberg ist dagegen ein Zeichen von Angriffslustigkeit, ja Aggressivität, Rücksichtslosigkeit, oft gar Brutalität. Solche Menschen verschwenden ihre Kräfte manchmal sinnlos, ohne Linien sind diese Menschen jähzornig und zerstörungswütig.

Ein flacher Marsberg bedeutet einen gewissen Energiemangel, wenn es um die Austragung von Konflikten geht. Differenzen werden lieber verständnisvoll bereinigt, als dass es zu einer kämpferischen verbalen Auseinandersetzung kommt. Fehlt der Marsberg gänzlich, wird ein solcher Mensch versuchen, Konflikte zu vermeiden, indem er seinen Unmut und Widerwillen in Humor kleidet und eher über sich selbst lacht, als den anderen anzugreifen.

Wenn der Daumen abgespreizt wird und aus dem Marsberg eine Mulde entsteht, ist dies ein Zeichen dafür, dass Differenzen schnell wieder beigelegt werden. Solche Menschen sind weder nachtragend noch dickköpfig. Bleibt aber bei abgespreiztem Daumen immer noch ein kleiner Berg zu sehen, kann dies ein Hinweis auf Uneinsichtigkeit sein. Solche Menschen werden starrköpfig und hartnäckig auf einer Sache beharren.

Ist der Marsberg links stärker als rechts, wird der Mensch im Streit eher klein beigeben. Konflikte trägt er mit sich selbst aus. Oft sind sie ihm aber gar nicht bewusst, werden verdrängt oder nur als diffuses, unangenehmes Gefühl wahrgenommen.

Wenn der Marsberg rechts stärker ist als links, kommt es gerne zum offenen Kampf. Streitigkeiten werden offen ausgetragen – durchaus auch aggressiv.

Die Fingerberge

Die Fingerberge liegen unter den ihnen zugeordneten Fingern. Auf der Ich-Seite liegt der Jupiterberg, auf der Du-Seite liegen Merkur- und Apolloberg und in der Mitte teilt sich der Saturnberg zur Hälfte in Ich- und Du-Seite auf.

Stehen die einzelnen Finger für die Verwirklichung der Anlagen, für die Wirkung nach außen, so lassen die Fingerberge erkennen, welches Potenzial, welche Energiereserven die Kräfte der Finger haben, um sich zu entfalten und durchzusetzen. Diese Reserven können angezapft werden, noch brachliegen oder schon verkümmert sein. Ein starker Daumen mag zwar einen ausgeprägten Willen erkennen lassen, aber wenn der Daumenballen eine schwächliche Konstitution bescheinigt, können sich die Kräfte des Daumens nicht entfalten beziehungsweise dürfen nicht überstrapaziert werden.

Der Jupiterberg (Zeigefingerberg)

Das im Menschen angelegte, oft unbewusste Geltungsbedürfnis und -streben, sein Ehrgeiz und Selbstwertgefühl, aber auch sein Gefühl für ethische Werte, Güte und Weisheit, sein Urteilsvermögen und Gerechtigkeitsempfinden sind im Jupiterberg symbolisiert. Ein gut ausgebildeter Jupiterberg legt also den Grundstein für einen gesunden Ehrgeiz, ein natürliches Selbstbewusstsein mit guten Führungsqualitäten. Solche Menschen sind treu, loyal, zuverlässig, freundlich bis warmherzig mit einem ausgeprägten Ehrgefühl und Wahrheitsliebe. Ruhm und Ehre werden materiellen Werten vorgezogen. Diese Kräfte können sich allerdings nur ausreichend entfalten, wenn sich genügend Vitalkräfte (Daumenballen) zur Durchsetzung finden und ein gut ausgeprägter Zeigefinger die Kräfte ungehindert nach außen fließen lässt. Ansonsten können sich Minderwertigkeitsgefühle entwickeln.

Ein zu stärk gewölbter Jupiterberg zeugt von übertriebenem Geltungsanspruch, Gier nach Macht und materiellen Dingen, Überschätzung der eigenen Persönlichkeit bis zur Selbsttäuschung und Scheinheiligkeit. Ein solcher Mensch protzt gerne mit Halbwahrheiten, angeblichen Leistungen, fühlt sich aber im Grunde minderwertig und ist anfällig für Depressionen. Ein starker Jupiterfinger verstärkt diese Anlagen, die dann mit voller Wucht nach außen drängen.

Der flache Jupiterberg lässt auf mangelnden Ehrgeiz oder Leistungswillen schließen. Manchmal fehlt auch nur das Selbstvertrauen in die eigene Leistungsfähigkeit. Oft ist aber angeborene Trägheit Auslöser für geringe Leistungsbereitschaft. Kommt noch ein kurzer Zeigefinger hinzu, weist dies auf Minderwertigkeitsgefühle und Komplexe hin.

Der Jupiterberg kann sich leicht zum Mittelfinger hin verschieben. In einem solchen Fall paaren sich persönlicher

Ehrgeiz mit Verantwortungsgefühl und Pflichtbewusstsein auf positive Weise.

Steigen zwei Linien (Ehrgeizlinien) von der Lebenslinie zum Jupiterberg auf und werden diese von kleinen Linien gekreuzt, sodass die Form einer Leiter entsteht, bedeutet dies, dass ein solcher Mensch große Erfolge durch eigene Anstrengungen erzielen wird. Weist der Jupiterberg ein Quadrat, das so genannte Lehrerviereck, auf, weist dies auf pädagogische Qualitäten hin. Ein solcher Mensch ist prädestiniert, andere zu unterrichten und Wissen zu vermitteln.

Der Saturnberg (Mittelfingerberg)

Im Saturnberg ist angelegt, wie der Mensch die Realität und seine Erfahrungen einschätzt, mit welchem Ernst und Pflichtgefühl er eine Sache angeht, wie er mit Verantwortung umgeht, wie beharrlich und konzentriert er seine Aufgaben bewältigt. Ein gut ausgeprägter Saturnberg lässt auf all diese Eigenschaften schließen. Der überhöhte Mittelfingerberg verkehrt diese Eigenschaften ins Negative: aus Überlegung wird Nachdenklichkeit bis hin zur Melancholie, aus Ernsthaftigkeit im Umgang mit Menschen wird Steifheit und Menschenscheu, die zu Misstrauen und Verschlossenheit führen kann.

Ein flacher Saturnberg zeugt von Gleichgültigkeit bis zur Verantwortungslosigkeit, Zaghaftigkeit bis zur Unzuverlässigkeit und einer Tendenz zur Gewissenlosigkeit gegenüber den Mitmenschen.

Bei vielen Menschen ist der Saturnberg entweder zum Zeige- oder zum Ringfinger hin verschoben. Im ersten Fall wird das Potenzial eher für die eigenen Ziele eingesetzt, allerdings mit dem Glauben, auf diese Weise etwas für die

Allgemeinheit erreichen zu können. Bei Forschern und Wissenschaftlern findet man diese Konstellation häufig. Bei einer Verschiebung hin zum Ringfinger werden die persönlichen Anlagen verstärkt in schöngeistigen Bereichen wie Kunst und Literatur eingesetzt.

Zeigt die rechte Hand den stärker ausgeprägten Saturnberg, kann der Träger seine Anlagen nach außen leben. Mit gut gebautem Mittelfinger (und deutlicher Schicksalslinie) wird das Leben mit Erfolg gemeistert. Ist der Saturnberg auf der linken Seite deutlicher ausgeprägt, bleibt der Lebensernst oft im Inneren verborgen. Ein solcher Mensch ist sehr beständig; das Leben an sich wird als ernsthafte Aufgabe gesehen, die zu bewältigen ist. Im Extremfall kann es zu Depressionen kommen.

Ein Quadrat auf dem Mittelfingerberg beschreibt eine Person, die sich in schwierigen Momenten zu helfen weiß.

Der Apolloberg (Ringfingerberg)

Der Apolloberg liegt auf der Du-Seite der Hand. Er ist das Symbol für die Beziehungen zum Du, für Bindungsfähigkeit und Einfühlsamkeit, künstlerisches Potenzial, ästhetisches Empfinden, Harmonie und Anmut sowie Liebe und Erotik.

Je nach Persönlichkeit weist ein gut ausgeprägter Apolloberg auf ein künstlerisches, musisches oder einfühlendes Talent hin. Takt, Toleranz, gute Umgangsformen, sinnliche Erlebnisfähigkeit sind als weitere Eigenschaften zu nennen. Ist noch dazu der Mondberg gut ausgeprägt, ist dies ein Zeichen dafür, dass dem künstlerischen Potenzial genügend Fantasie zufließt, um kreativ-schöpferisch tätig zu sein.

Ein überhöhter Ringfingerberg beschreibt Oberflächlichkeit, Verschwendungssucht und Bequemlichkeit. Trotz geringer Talente will ein solcher Mensch Ruhm ernten, immer neue Erlebnisse sollen die geringe Tiefe ausgleichen; dementsprechend endet die Suche nach Zufriedenheit und Glück oft in materialistischem Streben.

Ein flacher Ringfingerberg gehört einem Menschen ohne Kunstsinn und Einfühlungsvermögen. Nüchtern betrachtet er Ideale und höhere Ziele, sein Erleben kratzt nur an der Oberfläche. Man überprüfe eine derartige Einschätzung an der Herzlinie.

Ein auf der linken Seite stärker ausgeprägter Apolloberg lässt auf eine heitere Wesensart schließen. Auf der rechten Seite verdeutlicht der Apolloberg die Hinwendung zu Kunst und Ästhetik. Verschiebt sich der Ringfingerberg zum kleinen Finger, redet oder schreibt ein solcher Mensch gerne über Kunst, künstlerische Aktivitäten oder schöngeistige Dinge.

Ein Quadrat auf dem Ringfingerberg verstärkt die Anlagen der Fingerkräfte, sodass diese erfolgversprechend umgesetzt werden können.

Der Merkurberg (Kleinfingerberg)

Der Merkurberg kann entweder direkt unter dem Kleinfinger liegen oder sich als seitliche Ausbuchtung zur Handkante verschoben haben. Er symbolisiert die Kraftreserven für die Wirkung und das Handeln nach außen. Geistige, intellektuelle und körperliche Beweglichkeit, kluger Einsatz von Vernunft, Logik und sportliches Talent werden hier ebenso gespeist wie die Fähigkeit, auch Außersinnliches wahrnehmen zu können.

Ein betonter Merkurberg ist Zeichen für einen scharfen Verstand oder ein gutes Gespür für erfolgversprechende

Geschäfte. Ist dazu noch der Merkurfinger gut ausgeprägt, steht dem Erfolg je nach Charakteranlage nichts mehr im Wege. Ist der Fingerberg seitlich zur Handkante verschoben, wodurch die Hand leicht spatelig wirkt, weist dies auf einen vernünftig handelnden Menschen hin, der gewandt und lebensklug, mit einer guten Portion Menschenkenntnis und Beobachtungsgabe versehen, erfolgreich durchs Leben geht. Je spateliger die Hand aber durch die Verschiebung wird, desto weniger Takt- und Feingefühl ist zu finden. Liegt der Merkurberg in Richtung Ringfinger, kommen die Anlagen dem künstlerischen oder idealistischen Bereich zugute.

Ein überhöhter Merkurberg bedeutet, das ein solcher Mensch zwar auf einen überaus scharfen Verstand zurückgreifen kann, sein starker materieller Erwerbssinn aber ist mit Übervorteilung, List und Verschlagenheit gepaart und daher nur mit Vorsicht zu genießen.

Der schwache Merkurberg gehört einem Menschen, der schnell von den Beschwerlichkeiten des Alltags überfordert ist. Die schmerzhafte Erfahrung, dass das Leben nicht so ist, wie man möchte – besonders bei langem Merkurfinger – trifft solche Menschen besonders. Angespannt gehen sie durch das Leben, eigentlich immer in Erwartung der nächsten Enttäuschung.

Die Kombination eines nur schwach ausgeprägten Merkurbergs mit einem kurzen Merkurfinger zeugt von einer gewissen Introvertiertheit. Ein solcher Mensch will nicht nach außen wirken, er hat keinen Ehrgeiz, redegewandt zu sein oder gut zu verhandeln. Er hört lieber still zu, als selbst zu reden.

Ein Quadrat auf dem Merkurberg schützt den Menschen vor materiellen Verlusten und zeigt Erfolg im kommunikativen Bereich.

Der Plutoberg

Der Plutoberg liegt unter dem Merkurberg und wird nach oben von der Herzlinie begrenzt. Doch oft bildet er mit Mond- und Uranusberg eine Einheit an der äußeren Handkante.

Der Plutoberg liegt dem Marsberg gegenüber. Während der Marsberg für die offensichtliche Machtausübung des Ichs steht, symbolisiert der Plutoberg, da er auf der Du-Seite der Hand liegt, eher die geheimnisvollen Mächte des Kollektivs, der Masse, die einerseits das Ich beeinflussen, andererseits aber auch selbst beeinflussbar sind. Verständnis für die Bedürfnisse der Masse und Machtstreben kann sich mit Okkultismus, Magie, Demagogie und Fanatismus verbinden. Eine derartige Konstellation kann aus einer charismatischen Anlage, Menschen zu führen, eine zerstörerische Kraft entstehen lassen.

Ein stark ausgeprägter Plutoberg – besonders in der rechten Hand – steht für den Drang, Menschen manipulieren und beeinflussen zu wollen. All diese Kräfte machen sich natürlich nicht nur im Verhältnis des Einzelnen zur Masse bemerkbar, sondern auch in der engeren Beziehung zum Du, zu den Menschen des täglichen Umgangs. Mit einer solchen Ausprägung will sich der Mensch durchsetzen, er ist entschlossen, mutig, wachsam und zäh, wenn es um seine Interessen geht. Er kann auch sportlich talentiert sein und so ein Ventil für seine überschüssigen Kräfte gefunden haben. Menschen mit überhöhtem Plutoberg neigen zu unkontrolliertem Einsatz ihres Machtwillens. Jähzorn und Wutausbrüche bis hin zu Handgreiflichkeiten, Sarkasmus, Trotz und Uneinsichtigkeit sind die ständigen Begleiter. Mutproben werden oft von anderen verlangt, weil der eigene Mut fehlt, oder Situationen werden heraufbeschworen, die seelisch zerstörerisch wirken. In Kombination mit einem starken Merkurberg und Merkurfinger wird die

Fähigkeit, andere beeinflussen zu können, eher auf intellektuelle Art realisiert. Im Auftreten wirkt ein solcher Mensch gefälliger und geschmeidiger.

Ist der Plutoberg links stärker als rechts, sind dem Träger sein Zugang zu jenseitigen Kräften und sein Machtstreben oft gar nicht bewusst.

Ein Quadrat auf dem Plutoberg ist als Glückssymbol zu deuten, dass die Fähigkeiten zur Führung und Beeinflussung positiv eingesetzt werden.

Der Mondberg

Der Mondberg liegt zwischen Plutoberg und Uranusberg an der Handaußenkante. Er ist nach dem Venusberg der zweitgrößte Berg in der Hand.

Dem Mondberg werden die Seelenkräfte zugeschrieben, die sich in Gefühlen, in der Fantasie, in Träumen, in Märchen und Mythen, in archaischen Urbildern ausdrücken. Hier werden aber auch die Eindrücke der Außenwelt aufgenommen, die das Ich nicht bewusst verarbeiten will oder kann. Inspiration und Intuition haben im Mondberg – geleitet über den Uranusberg – ihren Katalysator, wenn sie durch Merkur ins Bewusstsein aufgenommen werden. Oft steigen auch Bilder aus früheren Zeiten auf. Der Mondberg kann die Brücke zur Ur-Seele sein, wenn Uranusberg und Neptunberg diesen Schleier lüften helfen.

Ein gut ausgeprägter Mondberg begünstigt künstlerische Neigungen. Er ist ein Zeichen für den guten Zugang zum Unbewussten, zu Träumen und zur Fantasie. Bilder, Gefühle und Gedanken, die von außen an einen Menschen herangetragen werden, können gut aufgenommen und verarbeitet werden, besonders wenn der Mondberg noch von waagerechten Linien durchzogen ist. Solche Menschen sind gute Zuhörer, haben die Anlage, mitzuempfinden und zu trösten. Besonders mit einer gut ausgeprägten Herzlinie strahlt ein solcher Mensch Mütterlichkeit und Geborgenheit aus.

Folgt einem erhöhten Mondberg ein schwacher Merkurberg und Merkurfinger, ist die Vermittlung der Seelenkräfte nach außen blockiert. Solche Menschen tendieren zur Launenhaftigkeit.

Ein zu starker Mondberg – noch dazu ohne Linien – zeigt die Neigung zum Wachträumen, zur Launenhaftigkeit, zu schnellem Gekränktsein und der Suche nach Geborgenheit. Solche Menschen haben eine ausgeprägte Vorliebe für Wasser in der Natur. Der flache Mondberg kennzeichnet einen nüchternen, intellektuellen Menschen mit einem Mangel an Fantasie. Schönheit sagt solchen Menschen oft nichts.

Ein auf der rechten Seite deutlicher ausgeprägter Mondberg weist auf die Fähigkeit hin, den eigenen Gefühlen, Stimmungen und Eingebungen zu vertrauen. Ist der Mondberg dagegen links stärker, werden diese Kräfte eher als diffuses, nicht bewusstes Gefühl wahrgenommen, können aber durch Meditation stärker ins Bewusstsein gerückt werden.

Positiv zu deuten ist ein Quadrat auf dem Mondberg. Dieses verstärkt die Anlagen, aus dem Seelischen heraus kreativ und schöpferisch tätig zu sein.

Der Uranusberg

Unter dem Mondberg, direkt über dem Handgelenk, liegt der Uranusberg. Hier wirken Ur-Kräfte, die sich plötzlich, blitzartig in Form von Einfällen, Ideen, überraschenden Handlungen oder Erkenntnissen entladen.

Bei einem gut entwickelten Uranusberg kann der Mensch auf tief in ihm verwurzelte schöpferische Kräfte zurückgreifen: Rhythmusgefühl, Musikalität, Originalität, gutes Reaktionsvermögen und Unabhängigkeitsdrang sind Eigenschaften, die mit einer solchen Ausprägung in Zusammenhang gebracht werden.

Vorsicht aber bei einem überhöhten Uranusberg: Kreativität wird dann schnell zur Explosivität, leichte Erregbarkeit, Kurzschlusshandlungen und Rebellion können die Folgen sein.

Findet sich in der rechten Hand ein stärker ausgeprägter Uranusberg als links, ist sich ein solcher Mensch seiner schöpferischen Kräfte bewusst, er weiß, dass er ein Original ist und genießt es. Links bedeutet dieser Berg, dass der Mensch zwar von anderen als ein Original gesehen wird, er selbst sich dessen aber nicht bewusst ist.

Der Neptunberg

In der Mitte oberhalb des Handgelenks gleicht der Neptunberg mehr einer Ebene als einer Erhöhung. Er verbindet den Venusberg der Ich-Seite und den Uranusberg der Du-Seite. Der Neptunbereich ist verantwortlich für den Ur-Instinkt, den Zugang zu archaischen Bildern, zum kollektiven Unbewussten, zur Transzendenz und zu animalischen Sehnsüchten. Menschen mit einem gut ausgeprägten Neptunberg besitzen Einfühlungsvermögen bis hin zur mystischen Erlebnisfähigkeit. Sie leben beschaulich, oft träumerisch und sind idealistisch veranlagt.

Links bedeutet ein gut ausgeprägter Neptunberg, dass sich Ahnungen und Gefühle mehr im Inneren abspielen. Rechts drängen sie zwar nach außen, aber die Umwelt reagiert entweder mit Unverständnis oder mit Überraschung auf das vermeintliche »Wissen«.

Führt die Saturnlinie durch den gut entwickelten Neptunberg, kann der Träger verantwortungsbewusst seine Spiritualität einbringen und ausleben, ohne seine weltlichen Aufgaben zu vernachlässigen.

Ein zu starker Neptunberg steht für Beeinflussbarkeit, Empfindlichkeit, Unklarheit und Planlosigkeit. Ist der Neptunbereich dazu noch weich, kann ein Suchtpotenzial gegeben sein. Einem solchen Menschen fehlt die Festigkeit, um angesichts seiner Empfindlichkeit auf die Umwelt angemessen zu reagieren und stabil zu bleiben.

Die Erdebene

In der Mitte der Hand, umgeben von den Handbergen, liegt die Fläche der Erdebene wie ein Tal. Hier zeigt sich der Mensch mit seinen Anlagen im sozialen Gefüge der

Gesellschaft. Bestehen Anpassungsschwierigkeiten, zeichnen sich in der Handmitte meist schicksalhafte Ereignisse ab. Die hier durchlaufenden Linien haben zentrale Bedeutung für die Lebensbewältigung.

Vom Marsberg läuft die Kopflinie in die Erdebene; die vertikal verlaufende Saturnlinie wird auch Schicksalslinie genannt. Störungen, Verletzungen und Zeichen in diesem Bereich zeigen, was für das Leben von besonderer Bedeutung war und ist.

Liegt die Erdebene sehr viel tiefer als die sie umgebenden Berge, hat ein solcher Mensch das Bedürfnis nach seelischem und geistigem Tiefgang. Eine fleischig angehobene Erdebene haben Menschen, die das Leben leicht nehmen und eine Tendenz zur Oberflächlichkeit aufweisen.

Die Entstehung und Bedeutung der Linien

Formen die Berge und Ebenen Hügel und Täler in den Händen, so werden die Linien als Flüsse in dieser Landschaft gesehen, die Energien transportieren.

Die drei großen Linien, Herzlinie (Emotionalis), Kopflinie (Cerebralis/Mentalis) und Lebenslinie (Vitalis), sind vorgeburtlich, genetisch festgelegt und entwickeln sich beim Embryo schon in einem sehr frühen Stadium. Die Prägung der anderen Linien erfolgt später, noch im Mutterleib oder nachgeburtlich.

Während sich anhand der drei Hauptlinien Aussagen über unsere ererbte Vitalität (Wollen), unsere Gehirnsstruktur (Denken) und unsere Emotionalität (Fühlen) treffen lassen, sind die Nebenlinien individuell ausgeprägter. Sie entstehen oder ziehen sich je nach geistig-seelischer Gemütslage und Intensität zurück und spiegeln so die dem Menschen eigene Willensfreiheit wider.

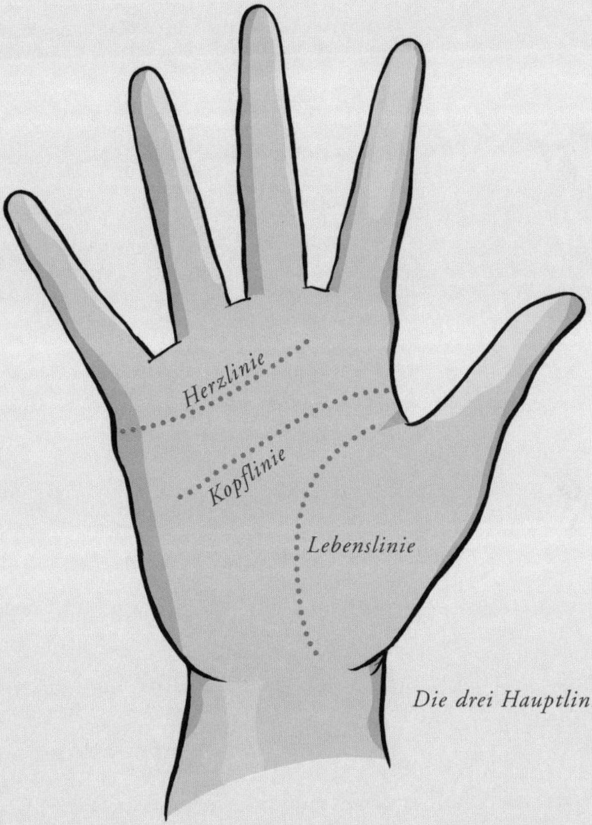

Die drei Hauptlinien

Linien in der Hand sind nicht immer gleich ausgeprägt. Sie können breit, schmal, oberflächlich oder tief verlaufen. Es lässt sich auch nicht immer eine eindeutige Linie identifizieren, weil Brüche, Ketten, Wellen oder Zeichen auf den Linien liegen. Je klarer eine Linie gezeichnet ist, umso unproblematischer und eindeutiger ist der entsprechende Lebensbereich.

Linien können als Transportmittel für Energien und Potenziale interpretiert werden. Sie speisen sich aus dem Berg, aus dem sie entspringen, den sie durchqueren oder aus den Bergen, die sie verbinden.

Sie können aber auch Bereiche der Hand klar gegeneinander abgrenzen, beispielsweise wenn die Linie eine augenfällige Furche quer durch die Handfläche zieht, wie dies bei der Ausnahmeform der gesperrten Hand (siehe unten) der Fall ist.

Linienformen und Zeichen

Sichtbar sind Verästelungen, kleine Punkte, doppelte Striche oder Zeichen auf den Linien und Bergen. Sie sind als Marksteine auf dem Weg dieser Linie zu deuten und markieren zuweilen wichtige Lebenssituationen.

Zu unterscheiden sind Zeichen (Punkt, Kreuz, Stern) und sich kreuzende Linien (Dreieck, Viereck, Gitter). Bei letzteren handelt es sich um Weggabelungen oder Überquerungen, bei denen die Anlagen der Linien die Deutung erleichtern. Markierungen sind zusätzliche Hinweise.

- Breite Linie: Ausufern der Energiepotenziale, Triebhaftigkeit, Trägheit, Langsamkeit

- Tiefe Linie: Energie, Widerstand, Konzentration, Ausdauer, Kraft, Entschlossenheit, Intensität

- Feine Linie: Lebhaftigkeit, Geisteskraft, positive Anlagen der Linie werden aktiviert
- Oberflächliche Linie: Oberflächlichkeit, Gleichgültigkeit, Schwäche
- Parallellinie: Verstärkung der Anlagen
  nach oben: neue ideelle Ziele,
  nach unten: Stabilisierung der Grundlagen
- Wellenlinie: Unsicherheit, Zweideutigkeit, Misstrauen, diplomatisches Ausweichen
- Kettenlinie: Verlust an positiver Kraft, Schwankungen
- Haarlinie (wie ausgefranst): Schwächung der Anlagen

- Bruch: Störung, abgeschwächte Wirkung, wenn der Bruch übereinander ausläuft

- Gabelung: Neuorientierung, Vielseitigkeit

- Verästelung, nach oben, unten oder im Wechsel: Günstig, wenn sie der Linie keine Kraft entziehen. Auf der Herzlinie können sie Impulsivität oder Niedergeschlagenheit, auf der Kopflinie Lernerfolge oder Lernschwierigkeiten ausdrücken.

- Durchstreichung: Blockade durch eine innere Disposition oder ein äußeres Ereignis. Diese Hemmnisse können überwunden werden.

- Punkt: Schmerzhaftes, eindringliches Erlebnis

- Kreuz: Störung in der Anlage
- Stern: Heftige Störung, oft plötzlich auftretend
- Gitter: Hindernisse, die einschränken
- Dreieck/Viereck: positive Wirkung an der Linie, mit der sie verknüpft sind, entweder ideell-geistig (nach oben) oder suchend und vertiefend (nach unten); zur Seite gerichtet weisen sie auf den Ich- oder Du-Bereich
- Insel: Ein erzwungener Stillstand bringt die Kraft der Linie zum Stocken, sie muss sich einen neuen Weg um das Hindernis herumbahnen, bevor sie wieder frei fließen kann.

Die drei Hauptlinien der Hand

Die drei Hauptlinien sind auf jeder Hand zu finden, allerdings in unterschiedlichen Ausprägungen. Sie gehören zu unserem Erbgut und spiegeln so biologisch-genetische und familiäre Eigenheiten wider. Die Hauptlinien repräsentieren unser Wollen, Denken und Fühlen. Sie bleiben ein Leben lang vorhanden, können ihre Lage zwar nicht ändern, sich aber wohl verlängern, vertiefen oder verästeln.

Die Lebenslinie (Vitalis)

Zwischen Daumeneinschnitt und Zeigefingeransatz beginnt die Lebenslinie, die sich in einem runden Bogen um den Handballen bis zum Handgelenk zieht. Diese Linie ist auf jeder Hand zu finden. Falls sich keine klare Linie abzeichnet, kann es sein, dass entweder Saturnlinie oder Merkurlinie ihre Aufgaben übernommen haben.

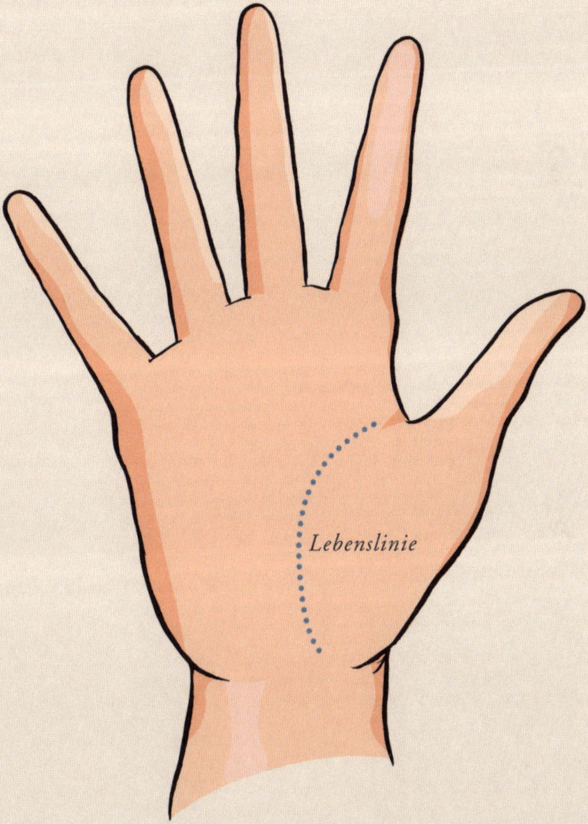
Lebenslinie

Die Vitalis beginnt auf der Ich-Seite und ist Ausdruck dessen, wie die zur Verfügung stehende körperliche Lebenskraft eingesetzt wird (Gesundheit, persönliches Engagement, körperlicher Einsatz). Die Lebenslinie kann in beiden Händen stark unterschiedlich verlaufen. Links repräsentiert die Linie, wie ein Mensch sich in seinem Inneren mit dem Leben und seinen Kräften auseinander setzt. In der rechten Hand spiegelt die Linie wider, wie man nach außen wirkt und von anderen gesehen wird. So kann die Linie links einen stark zerrissenen Menschen zeigen, der oft am Rande seiner Kräfte ist, doch rechts zeigt sich eine harmonisch geschwungene Linie in Form eines C ohne Brüche und Hemmnisse – der Träger solcher Linien wird viel stärker und souveräner eingeschätzt als er in Wirklichkeit ist.

Je ähnlicher die Linien in beiden Händen sind, desto identischer und ausbalancierter ist das Selbstbild und die Wirkung nach außen.

Ansatz der Lebenslinie

Normalerweise beginnt die Lebenslinie in der Mitte zwischen Daumen und Zeigefinger.

Ist der Beginn nach oben zum Jupiterberg verschoben, spricht dies für Aktivität und Dynamik, Ehrgeiz und Geltungsdrang. In Verbindung mit einem erhöhten Venusberg und einem gut ausgeprägten Zeigefinger ist ein solcher Mensch selbstbewusst, er weiß seine natürliche Autorität einzusetzen und besitzt Führungspotenzial.

Verläuft ein Ast von der Lebenslinie in den Jupiterberg hinein, bewirkt dies eine Kopplung von vitaler Lebensenergie und Durchsetzungswillen, was sich als durchaus gefährlich herausstellen kann, denn werden Selbstwert und Geltung angetastet (Jupiter), kann die Gesundheit beeinträchtigt werden.

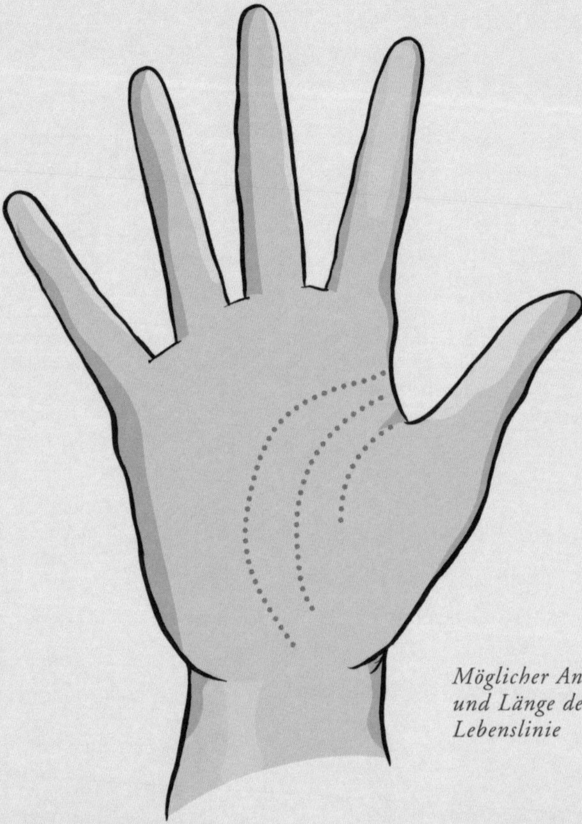

Möglicher Ansatz und Länge der Lebenslinie

Liegt der Beginn sehr tief am Daumen, werden die Körperkräfte nur für das Erreichen ichbezogener Ziele eingesetzt – materiell oder triebhaft.

Manchmal ist die Lebenslinie an ihrem Beginn mit der darüber liegenden Kopflinie verkettet. Da hier der Lebensanfang liegt, bedeutet dies auch immer eine kindliche Verknüpfung von eigener Lebensenergie mit einer intensiveren Prägung durch das Denken der Umwelt wie Elternhaus, Kindergarten, Schule, Sportverein, Freunde etc. Diese Verkettung endet meist unterhalb des Zeigefingers, also zu Beginn der Pubertät.

Eine von Anfang an selbstständige Lebenslinie, die vielleicht nur durch kleine aufsteigende Ästchen mit der Kopflinie verbunden ist, steht für eine frühe Eigenständigkeit und Lebensgestaltung. Ursachen dafür können die Selbstbehauptung durch eine eigenen Fantasie- und Bilderwelt sein,

Erfolge im Sport, aber auch Trotz und Unmut. Bei letzterer Deutung weisen dann kleine Ästchen in den Venusberg hinein.

Die Länge der Lebenslinie

Die Länge der Lebenslinie sagt nichts über ein langes Leben oder einen frühen Tod aus. Derartige Interpretationen gehören in den Bereich der Wahrsagerei und sind keinesfalls in der Hand ablesbar. Die Orakelhaftigkeit solcher Deutungen wird schon durch die Statistik widerlegt: Auch Menschen mit einem hohen Alter können durchaus eine kurze Lebenslinie haben. Die Lebenslinie sagt nur etwas darüber aus, wie lange wir unsere Vitalkräfte intensiv einsetzen werden oder müssen. Das kann bis zum Lebensende sein oder nur eine kurze Strecke, und danach verläuft das Leben in geruhsameren Bahnen.

Die lange Lebenslinie

Einem Menschen mit einer langen Lebenslinie – sie läuft fast bis ins Handgelenk aus – stehen bis zuletzt alle Energiereserven zur Verfügung, die er einsetzen muss, um sein Leben zu bewältigen. Schicksalsschläge und Hindernisse auf seinem Weg sind für ihn keine Rückschläge, er behauptet sich immer wieder aufs Neue gegen Widerstände und ruht sich sein ganzes Leben lang nicht auf Erworbenem aus.

Die verkürzte bis kurze Lebenslinie

In einem solchen Fall ist die aktive Lebensgestaltung des Trägers reduziert oder er wird durch ein Hindernis blockiert. Das Leben verläuft in gleichmäßigen Bahnen, es sind alle Ziele erreicht, und es gibt nichts mehr, was der Mühe oder des Kämpfens lohnt. Hier hilft ein Blick auf andere

Linien, die Gestaltungsmöglichkeiten aufzeigen und die Energien aufnehmen, wie beispielsweise die Saturnlinie oder nach unten strebende Energielinien (siehe unten).

Oft sind die beiden Linien in der rechten und linken Hand unterschiedlich lang. Die längere Linie bietet dann die bessere Orientierung.

Der Schwung der Lebenslinie

Zieht sich die Lebenslinie eng im Ich-Bereich der Hand um den Venusberg, bedeutet dies, dass der Mensch seine Kräfte hauptsächlich für seine eigenen Bedürfnisse einsetzt. Das heißt nicht zwangsläufig, dass er egoistisch ist, sondern dass seine Kraft eben nur für sein eigenes Leben reicht. Solche Menschen kommen gut allein zurecht, fühlen sich selten einsam.

In extremen Fällen sind sie sogar kontaktscheu und verhalten sich distanziert zu ihrer Umwelt. Kommt noch ein flacher Handballen hinzu, muss ein solcher Mensch mit seiner Lebenskraft gut haushalten, um nicht überfordert zu werden. Ein gut ausgeprägter Venusberg macht den Träger einer eng verlaufenden Lebenslinie unzufrieden, weil sein Charakter und seine Triebe eigentlich nach außen streben, er aber von seiner Lebenskraft und seinem Lebensraum eingeschränkt wird.

Schwingt die Lebenslinie in einer gleichmäßigen Rundung, einem großen C ähnlich, die Ich-Seite aber nicht verlassend, um den Venusberg, ist der Mensch warmherzig mit einem offenen Naturell. Harmonisch ist hier die Lebenskraft auf das eigene Ich und die Hinwendung zum Du (Umwelt) verteilt. Man setzt sich durch, nimmt seine Außenwelt wahr, um ihr Impulse zu vermitteln, aber auch zu empfangen.

Eine Lebenslinie, die im Ich-Bereich anfängt, in der Handmitte leicht in die Du-Seite übergeht und in dieser am Handgelenk ausläuft, lässt sich so deuten, dass der Träger seine Energien immer auf die Umwelt, auf ein Du ausrichtet – den Partner, die Familie oder ein Team. Einerseits braucht ein solcher Mensch die Bestätigung durch andere, gleichzeitig benötigt er aber auch einen ausreichend großen Freiraum für die eigenen Bedürfnisse.

Verläuft die Lebenslinie ab der Handmitte großzügig auf der Du-Seite weiter, hat dies Konflikte mit der Umwelt zur Folge. Die Energien des Ichs werden sehr dominant auf der Du-Seite eingesetzt. Das Ich braucht einen großen Freiraum für sich, tritt dabei aber sozusagen dem Du auf die Füße. Der Partner, die Familie oder Arbeitskollegen müssen sich oftmals der emotionalen Übergriffe dieses Menschen erwehren. Gut gemeint bestimmt er gerne, mischt sich ein, erledigt die Dinge auf seine Weise – und die anderen müs-

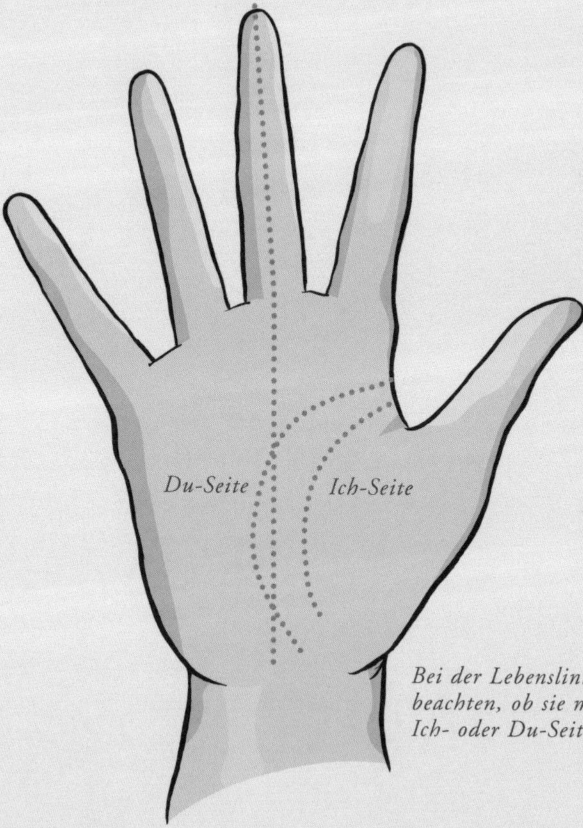

Bei der Lebenslinie ist zu beachten, ob sie mehr in die Ich- oder Du-Seite reicht

sen mitziehen. Im schlimmsten Fall ist ein solcher Mensch sehr autoritär und rechthaberisch. Abhängig von der Charakteranlage kann er für seine überschüssige Energie ein Ventil im sozialen, künstlerischen oder sportlichen Bereich suchen.

Die Ausprägung der Lebenslinie

Eine zarte Vitalis zeugt von geringer Lebensenergie. Körperliche Strapazen sind für einen solchen Menschen eine wahre Tortur. Er setzt seine Kräfte zwar gezielt, aber eher verhalten für die Durchsetzung seiner Belange ein.

Kraftvolle Umsetzung der Ziele und Interessen dagegen zeigt eine klar und gut gezeichnete Lebenslinie: Hier geht der Mensch konsequent seinen Weg, zielstrebig für die einen, unnachgiebig für die anderen.

Verläuft die Lebenslinie mit Knicken oder Wellen, ist dies ein Zeichen dafür, dass Hindernisse auf dem Lebensweg umschlängelt werden. Zweifel, ob das Lebensziel richtig ist, ob es lohnenswert ist, sich für ein Ziel einzusetzen, Wankelmütigkeit, aber auch Launenhaftigkeit können sich so ausdrücken.

Brüche in der Lebenslinie bedeuten meist den Abschied von einem Lebensziel, eine Richtungsänderung, den Abschluss einer Lebensphase, die nach außen vielleicht gar nicht so ersichtlich ist. Ein versetzter Bruch, der nach innen weiterläuft, bedeutet eine Lebensumstellung mit gleichzeitiger Einschränkung der Vitalität. Verläuft der Bruch weiter nach außen versetzt, bedeutet dies eine Lebensänderung mit vergrößertem Freiraum.

Hindernisse auf der Lebenslinie wie Inseln, Durchstriche oder aber auch Unterbrechungen bedeuten einen kurzen, bei der Unterbrechung auch längeren Stillstand der Lebensenergie. Schicksalsschläge, Umstellungen, Richtungsänderungen bis hin zur völligen Neuorientierung müssen verarbeitet und wieder integriert werden.

Das Ende der Lebenslinie

Verläuft das Ende der Lebenslinie um den Venusberg herum, spricht dies für Warmherzigkeit, Gesundheit und eine bis ins hohe Alter ausgeprägte Lebensaktivität. Der letzte Teil des Lebens verläuft für den Träger harmonisch.

Liegt das Ende der Vitalis im Neptunberg, vertraut ihr Träger in Bezug auf seine Lebensgestaltung instinktiven Kräften, die er besitzt. Aus dem Seelischen schöpft dagegen jemand, dessen Lebenslinie einen Schwung zum Mondberg besitzt.

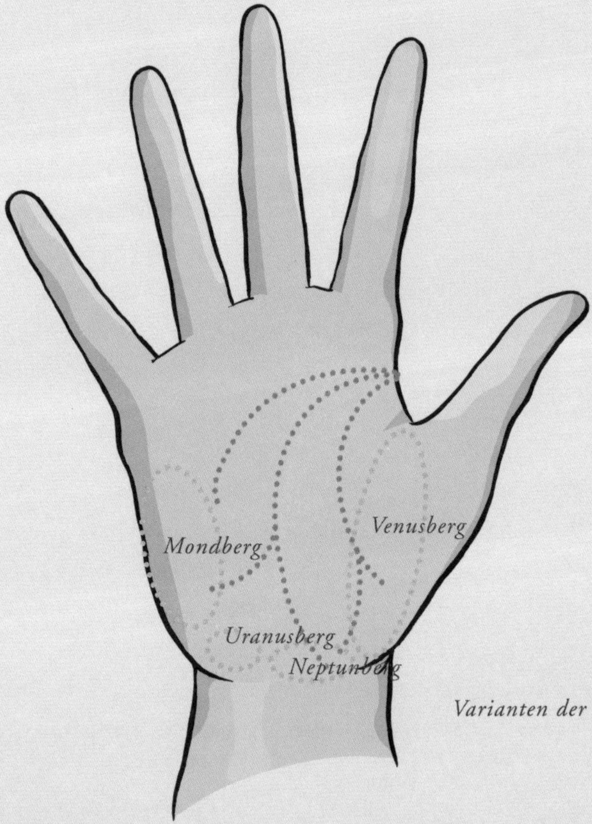

Varianten der Lebenslinie

Gabelt sich die Lebenslinie am Ende, ist zu beachten, in welche Bereiche die eine oder andere Gabelung geht – dann werden dort Kräfte mobilisiert. Eine Gabelung in den Mondberg verspricht Auslandsreisen und -aufenthalte oder Vorbilder oder Lebensinhalte in anderen Kulturen. Führt eine Gabel in den Neptunberg, ist dies Ausdruck einer guten Gesundheit.

Linien an der Lebenslinie

Impuls- und Energielinien

Von außen nach innen ziehen sich über den Handballen viele kleine Linien, die so genannten Energielinien. Im oberen Drittel streben sie normalerweise über die Lebenslinie hinaus. Sie zeigen, dass das Ich einen Bezug zum Du

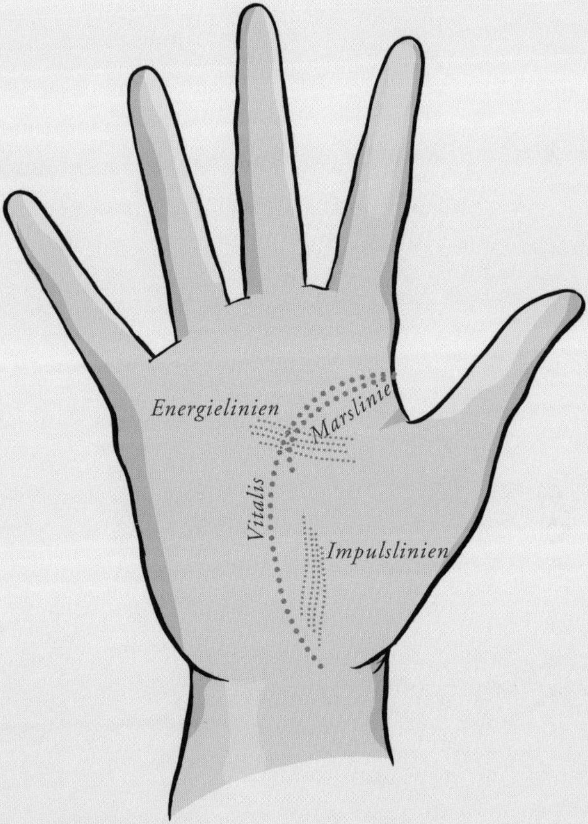
Energielinien
Marslinie
Vitalis
Impulslinien

sucht und die Triebkräfte ein Ventil nach außen finden. Im unteren Drittel werden die Energielinien meist von der Lebenslinie aufgehalten. Im letzten Lebensabschnitt ist ein Haushalten mit der Lebenskraft angesagt, sie darf sich nicht ungehindert in die Umwelt verströmen, sondern muss kontrolliert werden.

Von unten nach oben, also vom Handgelenk über den Daumenballen, zeigen sich ebenfalls einige Linien, die Impulslinien. Sie verlaufen über dem Venusberg und geben dem Menschen vitale Impulse bei der gefühlsmäßigen Ich-Durchsetzung.

Kreuzen sich Energie- und Impulslinien, entstehen Gitter, die den Energiefluss hemmen. Sie sind Ausdruck dafür, dass der Mensch diese Blockaden in seinem Leben beseitigen muss, um genügend Kraft zur Durchsetzung seiner Lebensziele zu haben.

Die Marslinie oder Angstlinie

Gleich mit dem Ansatz der Lebenslinie in der Daumenfurche beginnt eine Linie, die die Vitalis innen ein Stück lang begleitet, die so genannte Marslinie. Sie hat ihren Ursprung auf dem Marsberg und führt dem Menschen verstärkt Tätigkeitsimpulse zu, meist im ersten Lebensabschnitt. Dann endet diese Linie. Oft besitzt der Träger einer solchen Linienform Förderer, die ihn auf seinem Weg unterstützt und beschützt haben wie Eltern, Lehrer oder bei Berufsanfängern Mentoren.

Die Marslinie wird zur Angstlinie, wenn die Energielinien nicht durch sie hindurch weiter zur Lebenslinie ziehen, sondern von ihr gebremst werden. Auch im übertragenen Sinn wird ein solcher Mensch ausgebremst. Er fürchtet sich, seine Energien umzusetzen, seine Wünsche und Triebe zu realisieren, sich dafür einzusetzen, Mut zu haben.

Verästelungen der Lebenslinie

Aufsteigende Äste bedeuten in jedem Fall, dass dem Menschen aus dem entsprechenden Bereich neue Kräfte zuwachsen.

Wenn Äste also von der Lebenslinie in Richtung der anderen Finger aufsteigen, erwächst dem Menschen in Kombination mit seiner von der Lebenslinie gespeisten Energie Folgendes: Der Jupiterfinger gibt Ehrgeiz und Kraft zur Selbstdarstellung, Verantwortung kommt durch den Saturnfinger, der Apollofinger liefert Einfühlsamkeit und künstlerisches Talent und der Merkurfinger Geschäftssinn und Kommunikation.

Haben diese Verästelungen ihren Ursprung als Energielinie auf dem Handballen und führen über die Lebenslinie bis zu einer der anderen Hauptlinien, bedeutet dies, dass dem

Träger entweder große Denkfähigkeit oder Emotionalität zu einem bestimmten Zeitpunkt zur Verfügung steht.

Umgekehrt führt diese Linie von der Kopf- oder Herzlinie abwärts, sodass gedankliche Probleme den Träger gesundheitlich belasten und Herzensangelegenheiten mit Kummer verbunden sein können.

Zielt eine Linie in die Saturnlinie, benötigt der Mensch sehr viel Energie zum Aufbau seiner Karriere, oder er trägt große Verantwortung, die mit Stress verbunden ist und seine Energiereserven anzapft und verbraucht.

Kleine Äste, die am Ende der Lebenslinie am unteren Ende des Handgelenks abwärts zeigen, bedeuten Einbußen an Lebensenergie, die ja abhängig vom Alter ganz natürlich nachlässt.

Die zeitliche Einteilung der Lebenslinie

Auf allen drei Hauptlinien lässt sich einen Zeitschlüssel markieren. Für die Lebenslinie bedeutet dies, dass im gedachten Verlauf der Linie, das heißt vom Beginn der Innenkante bis kurz vor dem Handgelenk, vier Querstriche im gleichen Abstand gesetzt werden. Diese gedachte Zeitlinie (20 – 40 – 60 – 80 Jahre) wird markiert, egal wie lang die tatsächliche Linie ist, denn die Länge der Lebenslinie sagt ja nichts über die Lebenszeit aus.

Bei einer kurzen Lebenslinie geschehen relevante Ereignisse eben in früher Jugend oder bis zum 40. Lebensjahr. Auf den Tag genau wie bei einem Kalender lassen sich Geschehnisse natürlich nicht zurückverfolgen, sie hinterlassen aber in dem jeweiligen Lebensabschnitt ihre Spuren, die sich anhand der Erinnerung überprüfen lassen.

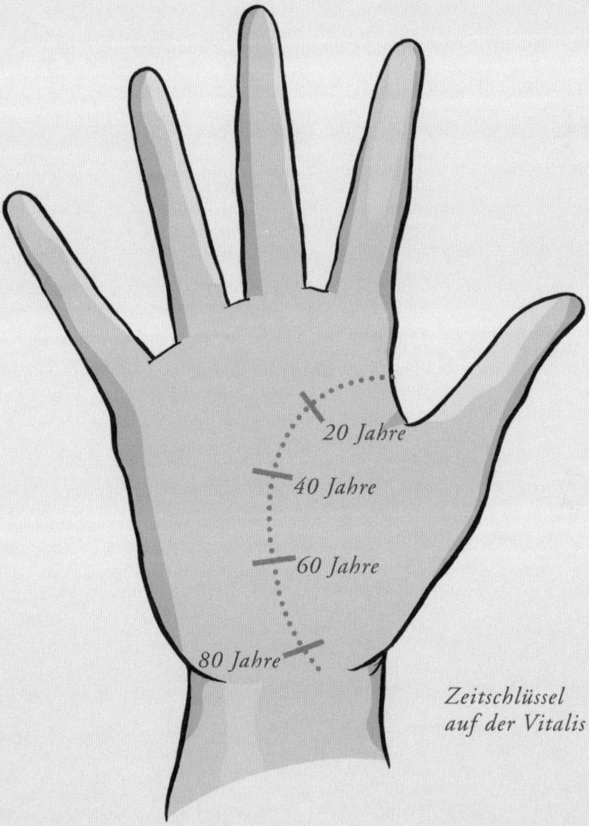

Zeitschlüssel auf der Vitalis

Die Kopflinie (Cerebralis/Mentalis)

Die Kopflinie beginnt an der Innenkante der Hand zwischen Daumen und Zeigefinger im Marsbergbereich und verläuft quer über die Handfläche Richtung Außenkante, vom Ich-Bereich auf die Du-Seite.

Die Kopflinie zeigt, wie der Mensch seinen Verstand einsetzt, mit welcher Kraft und welcher Intensität er die vom Leben gestellten Anforderungen geistig verarbeitet. Da sie aber auch quer über die Hand vom Ich zum Du verläuft, zeigt sie darüber hinaus, wie offen der Mensch geistig und wie flexibel er gedanklich ist, wenn es um die geistige Hinwendung zu anderen Menschen geht.

Allgemein symbolisiert die Cerebralis/Mentalis Verstandeskraft und Konzentrationsfähigkeit, ihr Verlauf zeigt Denk- und Willensrichtung an.

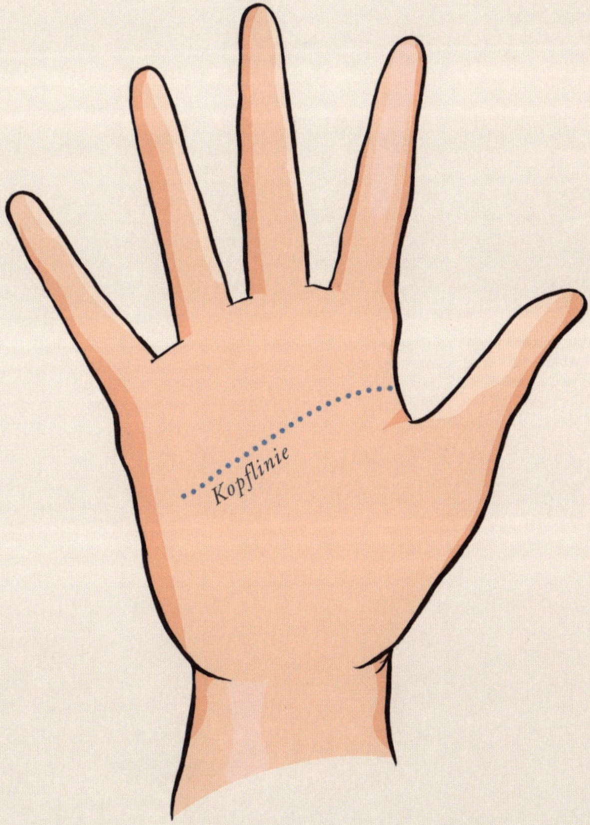
Kopflinie

Der Ansatz der Kopflinie

In vielen Fällen haben Kopf- und Lebenslinie den gleichen Ansatz an der Innenhandkante (siehe auch Lebenslinie weiter oben). Das Denken eines solchen Menschen ist besonnen, sachlich werden Entscheidungen getroffen, selbstbeherrscht und überlegt ist der Umgang mit anderen Menschen.

Überschneiden sich Kopf- und Lebenslinie auf einer Länge von zwei Zentimetern, lähmt der starke Lebenserhaltungstrieb der Vitalis ein wenig das selbstständige Denkvermögen. Unsicherheit, Unentschlossenheit und Schüchternheit können die Folge sein. Oft entwickeln solche Menschen erst spät eine intellektuelle Eigenständigkeit oder auch Unabhängigkeit beispielsweise von den Eltern. Kritisch wird eine gemeinsame Kopf- und Lebenslinie erst, wenn sie, immer noch vereint, die Handmitte erreichen.

Beginnt die Cerebralis nicht an der Handkante, sondern innerhalb des Verlaufs der Lebenslinie, ist das Denken sehr stark an den Lebenstrieb gekoppelt. Angriffslustig, streitsüchtig und unbeständig verfolgt ein solcher Mensch seine Ziele, da er seinen Willen nicht unabhängig von seinen Trieben steuern kann.

Ein sehr kurzer Abstand zwischen Kopf- und Lebenslinie weist zum Teil auf eine ähnliche geistige Ausrichtung hin wie bei der Interpretation eines gemeinsamen Linienbeginns. Ein Mensch mit einem solchen Linienverlauf braucht einige Zeit, um seine Gedanken zu ordnen und zu planen.

Beginnt die Kopflinie in einem normal empfundenen Abstand zur Lebenslinie, gibt der Marsberg ungehemmt seine Energiepotenziale an diese Linie weiter. Ein solcher Mensch ist gedanklich flexibel mit einer raschen Auffassungsgabe. Er ist unabhängig, offen bis impulsiv, im Miteinander umgänglich und mitteilsam.

Je mehr sich die Kopflinie nach oben in den Bereich des Jupiterberges verschiebt, desto optimistischer, selbstbewusster und ehrgeiziger ist der Mensch in seinem geistigen Streben. Manchmal wird dies auch durch eine Verbindung zwischen Kopflinie und Jupiterberg gekennzeichnet. In solch einem Fall wird oft das körperliche, vitale Lebensbedürfnis vernachlässigt. Es zählt allein das geistige Streben.

Menschen mit einer hoch angesetzten Kopflinie neigen oft zu sehr impulsiven und spontanen Handlungen, bedenken dabei aber nur selten die Konsequenzen ihres Tuns. Unbedachte Aktionen und verletzende Aussagen werden erst im Nachhinein bereut. Gleichzeitig trauen sich derartige Menschen aber auch so viel zu, wie andere es nicht wagen würden. Ein reizbares und cholerisches Temperament macht den Umgang mit diesen Menschen nicht eben einfach. Sie gehorchen nur ihren eigenen Bedürfnissen. Ein Ausgleich zu diesen Charakteranlagen wäre ein gut ausgebildeter Mittelfinger (Verantwortung, Pflichtbewusstsein), da ansonsten das Leben solcher Menschen von Sorglosigkeit, einem Nichtbeachten von allgemeinen Regeln und Missachtung von Gefahren geprägt ist.

Beginnt die Kopflinie nicht an der Innenkante, sondern leicht nach innen versetzt, aber mit einem eigenständigen Ansatz, wird auf Denkanstöße von außen gewartet.

Die Länge der Kopflinie

Eine kurze Kopflinie deutet an, dass ihr Träger eher praxisbezogen denkt und seine Verstandeskraft zur Lösung von Aufgaben einsetzt.

Je länger die Linie Richtung Außenhandkante verläuft, desto bereiter ist der Mensch, seine Verstandeskräfte auch auf ein Du zu richten, also geistig flexibel und offen auf die unterschiedlichen Ansprüche seiner Umwelt zu reagieren und auf sie einzugehen.

Endet die Kopflinie in der Handmitte, trifft sie dort auf die Schicksalslinie. In diesem Fall sollten die Verstandeskräfte fähig sein, das eigene Schicksal zu erkennen. Meist endet die Linie einen Fingerbreit vor der Außenkante. Dies deutet auf Menschen hin, die anderen aufgeschlossen gegenübertreten und auch andere Meinungen gelten lassen.

Läuft die Kopflinie bis in die Handkante hinein, besitzt ein solcher Mensch zwar klar strukturierte Gedanken und kann diese auch deutlich kommunizieren, er lässt aber oft nur seine eigene Meinung gelten. Andere Menschen versucht er zu überreden oder beharrt auf seiner Rechthaberei.

Der Schwung der Kopflinie

Normalerweise verläuft die Kopflinie in leichtem Schwung von innen nach außen und endet im Bereich des oberen Mondbergs.

Grundsätzlich bedeuten nach oben geschwungene Kopflinien eine Kopflastigkeit. Hier zeigt das Ende der Linie, wenn sie unter einem Finger endet, für welchen Bereich der Mensch seine geistigen Fähigkeiten gezielt einsetzen kann.

Abfallende Linien dagegen deuten den Wunsch nach geistiger Tiefe an.

Verläuft die Linie stark abfallend in die Bereiche des unteren Handgelenks, zeugt dies von Potenzialen, von denen die Geisteskräfte gespeist werden.

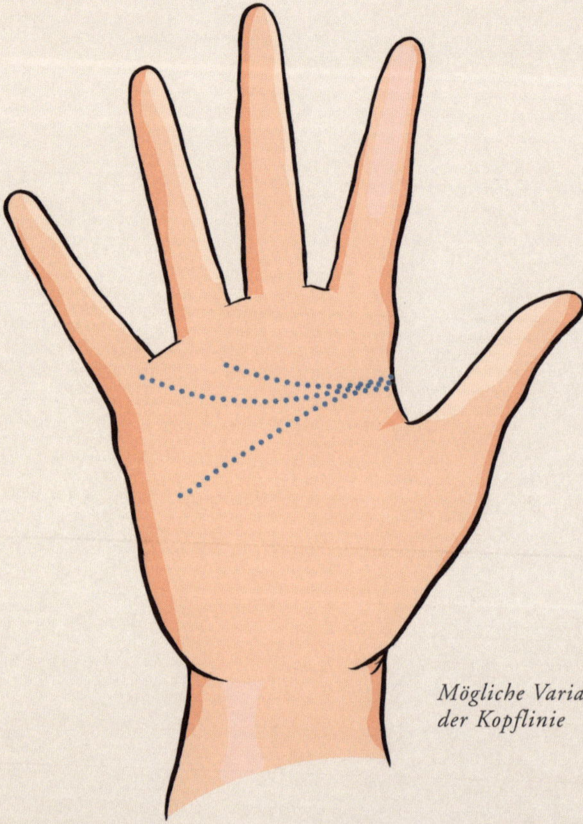

Mögliche Varianten der Kopflinie

Das Ende der Kopflinie

Eine leicht nach oben geschwungene Kopflinie, die unter dem Mittelfinger endet, steht für jemanden, der seine Verstandeskraft nur für sich selbst einsetzt, da die Linie nicht weit in die Du-Seite der Hand hineinführt. Die Kontaktaufnahme mit anderen Menschen ist erschwert und oft von mangelndem Einfühlungsvermögen geprägt. Ein solcher Mensch ist kein Teamplayer, in der Familie und Partnerschaft eher individualistisch bis eigenbrötlerisch, manchmal auch misstrauisch. Dieser Selbstbezug aber wird durch die Verantwortung, oft sogar das Pflichtgefühl für die Allgemeinheit geprägt. Ein Forscher, der sich geistig nur mit seinen Interessen auseinander setzt, kann mit seinen Forschungsergebnissen auch der Allgemeinheit dienen.

Zeigt das Ende der Kopflinie Richtung Ringfinger, ist ihr Träger für geistige Ideale zu begeistern. Seine Vorzüge liegen aber eher in seiner Redegewandtheit und Analysefähigkeit als in entsprechenden Taten. Das Auslaufen der Linie im Du-Bereich verleiht einem Menschen in seinen Handlungen eine gewisse Emotionalität mit Wirkung auf seine Mitmenschen.

Endet die Kopflinie nach oben weisend unter dem Merkurfinger, wird gleichzeitig auch der Plutoberg aktiviert. Verstandesmäßige Potenziale drängen nach außen und verbinden sich mit der Intuition, Massen zu beeinflussen.

Ein gerader Verlauf der Kopflinie mit ihrem Ende im Plutoberg bedeutet, dass sich der Träger gut durchsetzen kann, einen klaren, sachlichen Verstand besitzt und geistige Führerschaft anstrebt oder anstreben könnte.

Die leicht nach unten geschwungene Linie, die im oberen Mondberg ausläuft, lässt auf einen schnellen Verstand mit guter Auffassungs- und Beobachtungsgabe schließen. Den Mitmenschen wird mit Verständnis und Sympathie entgegengetreten. Die Verstandeskräfte speisen sich hier auch aus den Potenzialen des Mondberges, des Unbewussten. Ein solcher Mensch ist fähig, seine Kräfte verstandesmäßig zu mobilisieren und je nach Anlage auch kreativ umzusetzen.

Sinkt die Kopflinie jedoch zu steil und zu lang bis in den Mondberg hinab, können die Verstandeskräfte die Potenziale des Unbewussten nicht leiten und verarbeiten. Das Denken verliert an Klarheit, es wird realitätsfern. Träume und Fantasiebilder überlagern den Geist. Die Neigung zu Tagträumereien, Melancholie bis hin zu Depressionen ist in diesem Fall nicht von der Hand zu weisen. Ein solcher Mensch muss stark an sich arbeiten, um durch Selbsterfahrungsprozesse das Mondbergpotenzial für sich positiv nutzbar zu machen.

Endet die Kopflinie im Neptunbereich, verbinden sich instinktmäßiges Verhalten und Vernunft. Ein Mensch mit einer solchen Ausprägung ist ein Überlebenskünstler, wenn er sich dem Leben stellt. Verweigert er sich, droht Melancholie und es besteht im schlimmsten Fall sogar Suchtgefahr.

Fällt die Kopflinie direkt in den Neptunberg ab, ohne vorher im Bogen den Du-Bereich durchquert zu haben, spricht dies nicht nur für einen melancholischen, sondern auch einen eigenbrötlerischer Charakter, der Probleme mit seinen Mitmenschen haben dürfte.

Die Ausprägung der Kopflinie

Eine zittrige oder verkettete Kopflinie mit einem oberflächlichen Verlauf weist auf Nervosität und Konzentrationsschwierigkeiten hin. Wellen stehen für die Unentschlossenheit, seinem eigenen Verstand zu vertrauen. Breit ausgeprägt weist eine solche Linie darauf hin, dass ihr Träger seine Verstandeskraft nicht sehr differenziert einsetzt. Bricht die Kopflinie nach unten, ist dies ein Hinweis auf sprunghaftes Denken oder es fällt dem Träger schwer umzudenken. Mehrere kurze Kopflinien zeugen davon, dass sich ein solcher Mensch zeitweise nur auf ein Gebiet konzentriert hat, alles andere wurde gedanklich ausgespart.

Derartige Brüche können aber auch Einschnitte und Zäsuren im Leben des Trägers bedeuten, neue geistige Ziele, berufliche Anforderungen oder neue Lerninhalte. Auch kurze Verdoppelungen der Kopflinie deuten auf einen verstärkten geistigen Einsatz hin.

Inseln oder Durchstriche auf der Kopflinie lassen sich als Ausdruck einer intellektuell problematischen Lebensphase interpretieren. Ein solcher Mensch hat Schwierigkeiten, Erlebtes geistig zu verarbeiten, seine Verstandeskraft ist nicht mehr richtig im Fluss.

Gabelungen und Äste der Kopflinie

Steigen kleine Äste zur Herzlinie hinauf, besteht der Wunsch, Verstand und Gefühl zu verbinden. Entscheidungen wollen in Harmonie getroffen werden. Eine einfache Gabelung am Ende deutet auf geistige Vielseitigkeit hin. Verzweigt sich die Linie am Ende aber in viele kleine Ästchen, verzettelt sich der Träger. Er kann die zahlreichen äußeren Einflüsse geistig nicht verarbeiten.

Verläuft die Haupt-Kopflinie zum Plutoberg, während sich ein Ast zum Mondberg neigt, beweist ein solcher Verlauf Realitätsbezug bei gleichzeitigem Vermögen, das Unbewusste zu gestalten. Eine frühe Spaltung, noch auf der Ich-Seite der Hand, ist auch eine Spaltung des Denkvermögens, des Bewusstseins. Der seltene Fall einer doppelten Kopflinie (nicht zu verwechseln mit einer frühen Spaltung) weist auf zwei gedankliche Welten hin. Hier finden sich Doppelnaturen, die intellektuell veranlagt und sehr scharfsinnig, aber auch fähig sind, zwei Leben zu führen, ohne dass sich diese je berühren.

Die zeitliche Einteilung der Kopflinie

So wie bei der Einteilung der Lebenslinie wird auch die Kopflinie bis zur ihrem normal gedachten Ende, also etwa ein Fingerbreit vor der Handaußenkante, in vier gleich große Abschnitte (20 – 40 – 60 – 80 Jahre) eingeteilt. Auf dieser Skala können dann Schulzeit, berufliche Anforderungen oder geistige Neuorientierungen markiert werden.

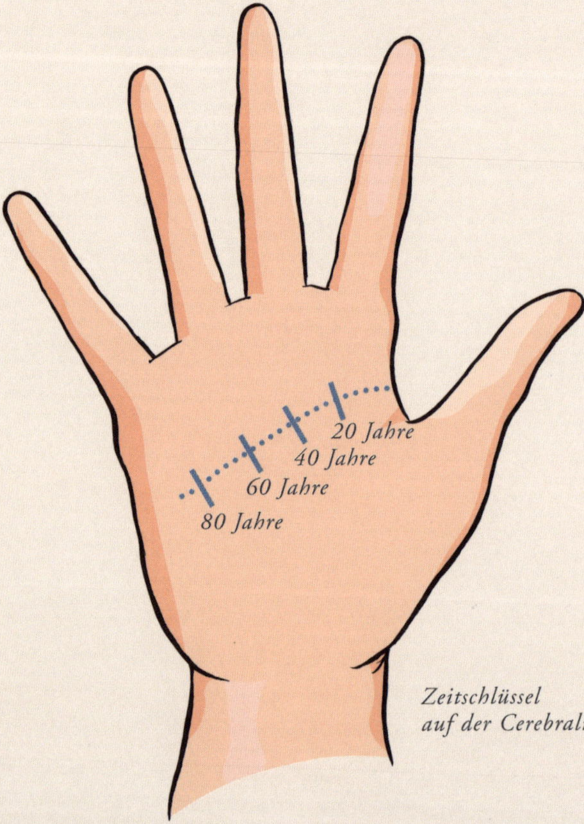

Zeitschlüssel auf der Cerebralis/Mentalis

Die Herzlinie (Emotionalis)

Die Herzlinie ist die dritte der großen Hauptlinien der menschlichen Hand. Im Gegensatz zu Kopf- und Lebenslinie beginnt sie an der Handaußenkante und verläuft aufwärts Richtung Finger, meist zum Jupiterfinger hin.

Die Herzlinie spiegelt wider, wie ihr Träger mit Emotionen umgeht und wie intensiv er diese erlebt. Zuneigung, Gefühlstiefe, Liebe, Hass, Treue, Loyalität, Begeisterung, Wut, Verzweiflung und noch viele andere Gefühle hinterlassen Spuren auf der Herzlinie – sie zeigt unsere Seelenlandschaft.

Der Ansatz der Herzlinie

Der Beginn der Herzlinie liegt in den meisten Fällen zwischen Merkurberg und Plutoberg an der Außenkante der

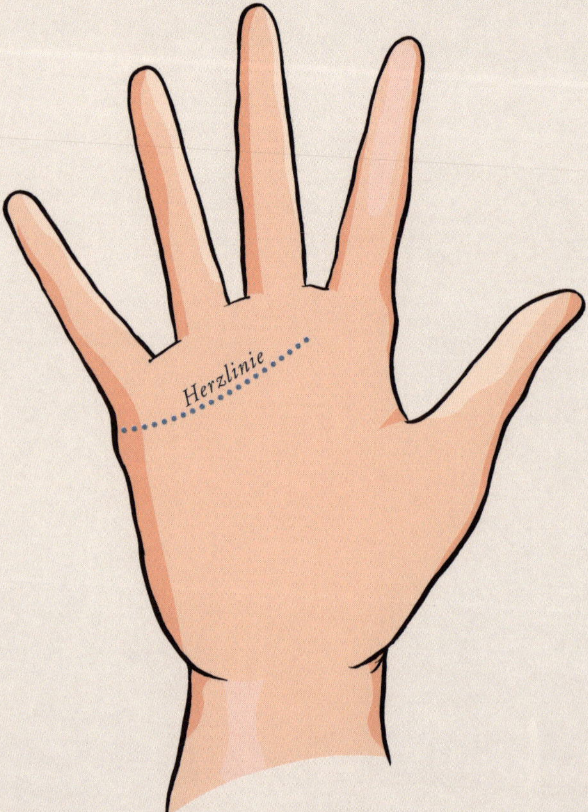
Herzlinie

Hand. Je näher die Herzlinie an der Außenkante beginnt, desto mehr wird auf das Du, auf die Mitmenschen von frühester Kindheit an eingegangen.

Verschiebt sich der Beginn der Herzlinie in die Handfläche unterhalb des Merkurfingers oder sogar des Apollofingers, lässt dies darauf schließen, dass ihr Träger erst spät in seinem Leben eine emotionale Eigenständigkeit erworben hat. Frühe Erlebnisse liegen oft verschwommen im Dunkel der Erinnerung. Manchmal sprechen solche Menschen von einer Art Erweckungserlebnis oder können ein prägendes Ereignis benennen, das ihre Seele extrem berührt hat.

Eine solch seltene Linie zeigt aber auch, dass der Träger dem Du, das heißt seinen Mitmenschen, in seinem Leben ansonsten wenig Platz einräumt, weil die Linie nur kurz den Du-Bereich der Hand tangiert.

Liegt der Ansatz der Emotionalis sehr hoch, fast schon auf dem Merkurberg, handelt es sich um einen in Gefühlsdingen eher pragmatischen Menschen.

Solche Charaktere gelten gemeinhin als heiter, fröhlich und gehen optimistisch durchs Leben, nehmen aber Herzensangelegenheiten, Liebesdinge und Enttäuschungen eher auf die leichte Schulter. Gerade aber diese Veranlagung bewirkt, dass solche Menschen oft unangemessen, flapsig, im verstärkt negativen Sinn sogar unwirsch reagieren, wenn es um den eigenen Ausdruck von Gefühlen oder die Gefühle anderer Menschen geht.

Je tiefer die Herzlinie an der Handkante ansetzt, desto größer ist der emotionale Rahmen und Raum für den Träger. Mitgefühl, Milde bei menschlichen Schwächen, Verständnis für Probleme anderer prägen die Handlungsweise eines solchen Menschen.

Die Länge der Herzlinie

Je länger die Herzlinie in der Hand verläuft, desto größere Bedeutung haben die Gefühle zu den Mitmenschen. Verläuft die Linie dagegen nur kurz, wird ein solcher Mensch durch seine Mitmenschen nur in geringem Maße emotional berührt.

Eine schön geschwungene Herzlinie mit normalem Ansatz verläuft in sanftem Anstieg bis zum Jupiterberg. Sie gehört einem extrovertierten, warmherzigen Menschen, der hilfsbereit, nachsichtig und großmütig seinen Mitmenschen gegenüber auftritt.

Bei einem ausgeprägtem Jupiterberg kommt zu den Eigenschaften Durchsetzungsvermögen, Geltungsbedürfnis und Extrovertiertheit noch die Expansion der eigenen Gefühlskräfte hinzu. Ein solcher Mensch ist sich nicht nur seiner eigenen Gefühle bewusst und empfindet viel und tief für die Menschen seiner nächsten Umgebung, sondern er hat auch Kraft genug, sich fast grenzenlos sozial und emotional zu engagieren. Doch Vorsicht: Dies kann leicht zu einer Überbeanspruchung durch die Außenwelt führen, sodass dann der private Bereich eher leidet. Ist der Jupiterberg dagegen schwach, bleiben Mitgefühl und Engagement rein altruistisch, ohne Geltungsdrang.

Reicht die Herzlinie bis unter den Mittelfinger, werden Emotionen stark durch die Brille von Nützlichkeit und Verantwortungsbewusstsein gefiltert. Die Palette der Ausdrucksformen kann bei solchen Menschen von Loyalität bis hin zur unerbittlichen Härte gegenüber so genannten »Gefühlsduseleien« reichen.

Sehr selten endet die Herzlinie unter dem Ringfinger. In diesem Fall bleiben die Gefühle im Du-Bereich stecken.

Man schwärmt, liebt Illusionen, macht sich etwas vor, was die Gefühle der anderen betrifft, weil es an Realitätssinn, Kraft und Aktivität mangelt, die eigenen Emotionen in die Tat umzusetzen. Idealistische Träumereien, nicht umzusetzende Utopien, kopflose Begeisterung finden sich bei diesen Menschen, die davon allerdings sehr beredt erzählen können.

Der Schwung der Herzlinie

Eine geschwungene Linie steht für eine ausgeprägte Emotionalität. In der Liebe zeigt ein solcher Mensch offen seine Gefühle, er ist sinnlich veranlagt und aktiv.

Je geschwungener sich die Herzlinie herausbildet, desto ausgeprägter empfindet dieser Mensch und kann seinen Gefühlen Ausdruck verleihen.

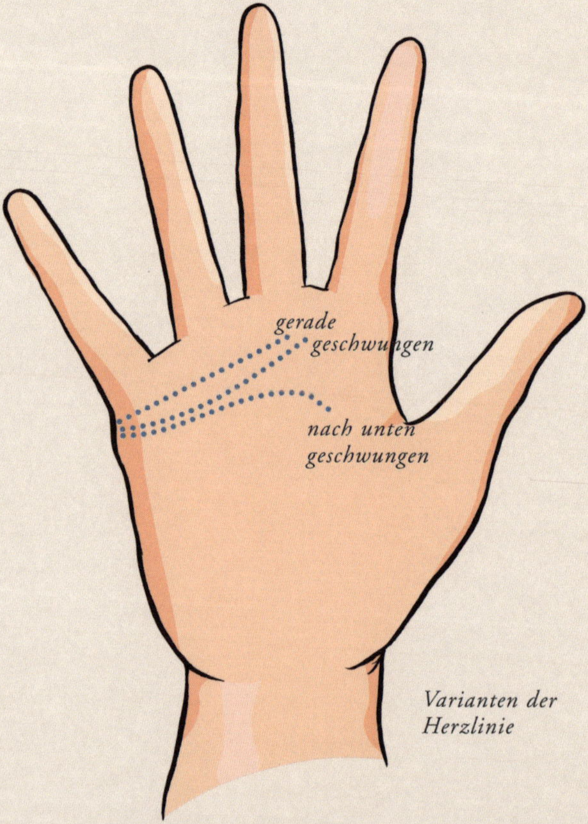

Varianten der Herzlinie

Nimmt die Herzlinie dagegen einen Verlauf, als würde sie leicht nach unten durchhängen, bedeutet dies für den Träger, dass er emotional vieles falsch einschätzt, Herzensangelegenheiten zu schwer nimmt, oft zweifelt und daher leicht von seinen Mitmenschen enttäuscht ist. Ein solcher Mensch gibt sich und andere schnell auf und braucht dann Hilfe von außen, um sich wieder zu fangen.

Die gerade Herzlinie steht für eher passive Emotionalität und Distanziertheit. In diesem Fall werden auch die Seelenkräfte von der Vernunft geradlinig ausgerichtet. Die erlebten Gefühle werden eher nüchtern betrachtet und analysiert. Reicht diese gerade Herzlinie bis zum Jupiterberg, kann sie die Karriere fördern, weil die Gefühle auf Ehrgeiz, Selbstsicherheit und Extrovertiertheit ausgerichtet werden.

Bei einer nach unten geschwungenen Herzlinie besteht die übermäßige Neigung, schnell enttäuscht sein, Traurigkeit

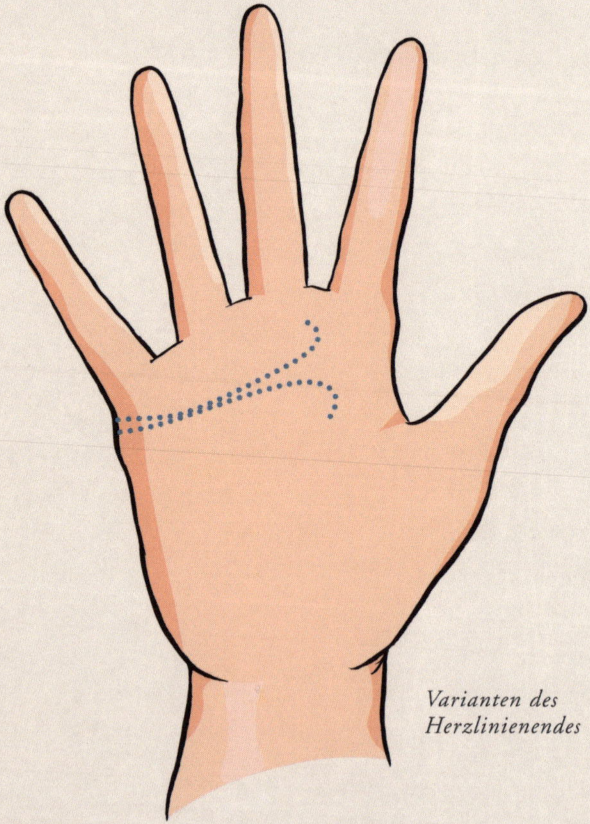

Varianten des Herzlinienendes

und Sentimentalität bestimmen das Gefühlsleben. Anderen Menschen zu helfen wird dann schnell zum Ventil oder Ablenkungsmanöver für die Unfähigkeit, sich selbst mit seinen emotionalen Problemen auseinanderzusetzen.

Das Ende der Herzlinie

Macht die gebogene Herzlinie am Ende noch einen betonten Schwung nach innen, kann dies bedeuten, dass man Schwierigkeiten oder gar Hemmnisse hat, seine Gefühle auszudrücken und die Seelenkräfte für das eigene Ich nutzbar zu machen.

Gleichzeitig drückt ein solches Ende der Herzlinie starke sexuelle Gefühle aus. Ein Mensch, dessen Herzlinie derartig verläuft, hat nur selten eine dauerhafte Bindung, weil er andere Prioritäten im Leben setzt, sich dann aber privat je nach Veranlagung dazu gezwungen sieht, sich mit seiner Sexualität arrangieren zu müssen.

Krümmt sich die Emotionalis nur an ihrem Ende nach unten in Richtung Kopf- oder Lebenslinie, ist der Träger in Herzensdingen sehr verletzlich oder schon einmal tief verletzt worden. Durch diese Erfahrungen kann sich ein solcher Mensch sehr gut in andere hineinversetzen und bringt ihnen hilfreiches Verständnis entgegen.

Die Ausprägung der Herzlinie

Je glatter die Linie verläuft, desto unkomplizierter erlebt der Mensch seine Gefühle und desto einfacher ist der Umgang mit ihm. Er ist ruhig und bescheiden in Gefühlsdingen, seine Ansprüche sind leicht zufriedenzustellen. Das heißt andererseits: Je mehr Verzweigungen und Äste die Herzlinie hat, desto differenzierter erfährt dieser Mensch seine Gefühle. Es kann aber auch sein, dass er sich durch viele Eindrücke verwirren lässt und sich in seinen Emotionen leicht verzettelt.

Eine wellenartige Herzlinie zeugt von vielen Höhen und Tiefen im Gefühlsleben, aber auch von mangelnder Stetigkeit. Besitzt die Herzlinie ein auffälliges Wellental, gleich einer Mulde, deutet dies auf eine abwartende Haltung gegenüber den Mitmenschen hin. Der Träger dieser Mulde wird sich erst dann emotional engagieren, wenn er sich ganz sicher sein kann, nicht enttäuscht zu werden. Er reagiert mehr auf die ihm entgegengebrachten Gefühle, die er auf sich wirken lässt, als dass er seine eigenen aktiv ausdrückt.

Eine dünn verlaufende Herzlinie weist auf Oberflächlichkeit und Nüchternheit im Umgang mit eigenen und anderen Gefühlen hin. Je tiefer sich die Emotionalis in die Handfläche einprägt, desto stärker und tiefer empfindet ein solcher Mensch seine Gefühle. Eine schmale, aber tiefe Linie zeigt Gefühlstiefe an, zeugt aber auch davon, alles andere als schnell Vertrauen zu anderen aufbauen zu können. Verläuft die Herzlinie als breites Band, trägt der Träger seine Gefühle gerne nach außen. Ein solcher Mensch ist einerseits sinnlich, andererseits aber auch sentimental und manchmal nah am Wasser gebaut.

Doppelungen auf der Herzlinie zeigen eine erhöhte emotionale Aufnahmefähigkeit oder die Bereitschaft, sich nicht einseitig festzulegen. Dies kann eine Einteilung in berufliches, emotionales Engagement und privates Hobby bedeuten. Ganz selten verläuft die komplette Herzlinie doppelt.

Brüche zeigen emotional schwierige Lebensphasen an. Manchmal läuft die Fortsetzung der Herzlinie dann oberhalb oder unterhalb des entstandenen Bruches weiter. Dies ist ein Hinweis auf emotionale Neuorientierung, Verlust, Abschied oder Neubesinnung.

Verkettungen zu Beginn der Herzlinie lassen auf eine emotional schwierige Phase in der Kindheit schließen. Gefühlsschwankungen beispielsweise drücken sich so aus. Ist die Herzlinie in ihrem weiteren Verlauf von Verkettungen geprägt, setzt sich dieses Verhalten im weiteren Lebensweg fort. Ein solcher Mensch hat keine ruhiges Gefühlsleben. Dies kann belastend sein, weil sich der Träger nur schwer entscheiden kann und eventuell dadurch auch unter Schuldgefühlen leidet.

Inseln sind als Zeichen für eine kurzfristige emotionale Isolation zu deuten. Entweder zieht sich der Mensch selbst zurück, hat das Bedürfnis, seine Gefühle zu ordnen, oder er wird von außen allein gelassen und fühlt sich einsam.

DIE DREI HAUPTLINIEN DER HAND

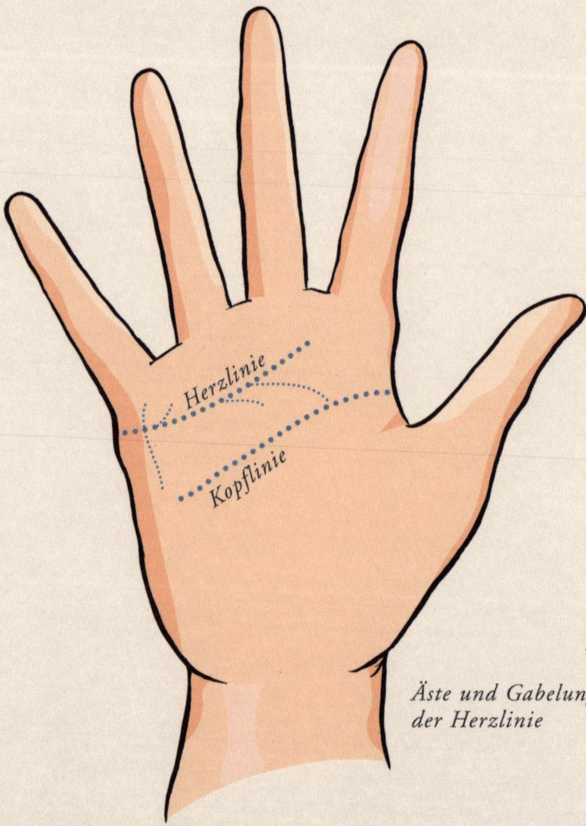

Äste und Gabelungen der Herzlinie

Weitere Markierungen wie Striche oder Schnitte bedeuten seelische Hemmnisse, die überwunden werden können. Aus seelischen Belastungen oder Enttäuschungen geht ein solcher Mensch gestärkt hervor, wenn sein Venusberg und sein Mondberg ihm genügend Kraft – seelisch und körperlich – geben, um derartige Schicksalsschläge zu verarbeiten.

Gabelungen und Äste der Herzlinie

Mit Ästen und Gabelungen in die verschiedenen Handbereiche zeigt die Emotionalis die Richtung an, in die sich besondere Gefühle verströmen, von welchen Kräften man beeinflusst ist, was in der Realität dann allerdings nicht immer einfach zu verwirklichen ist.

Aufstrebende Äste, die zum kleinen Finger weisen, deuten an, dass man schon sehr früh eigene Wege angestrebt hat, seinen Gefühlen Ausdruck zu verleihen. Hier besteht eine Neigung, die Seelenkraft auch für Geschäftliches einzusetzen. Kommen zu Beginn der Linie Äste aus dem Mondberg herauf und verbinden sich mit ihr, so ist der Träger bestrebt, die Kräfte des Unbewussten in seine Seele zu integrieren.

Gabelt sich die Herzlinie an ihrem Ende in einen Zweig zwischen Mittel- und Zeigefinger und einen weiteren Zweig, der auf den Jupiterberg weist, kann der Träger seine Gefühle zwischen privatem Bereich und Außenwelt gut ausbalancieren. Hier bleibt noch genügend Kraft, um sich auch für seine Mitmenschen emotional und sozial zu engagieren. Ähnliches trifft zu, wenn ein Ast Richtung Zeigefinger steigt: Mitgefühl, Herzenswärme und Optimismus.

Ein Ast, der nach unten zur Kopflinie weist, lässt darauf schließen, dass sein Träger entweder eine große Enttäuschung erlebt hat – dann ist dieser Ast im Laufe der Jahre hinzugekommen –, oder dass er seine Gefühle gerne durch seinen Verstand überprüft. Im letzteren Fall war dieser Ast schon immer in der Hand vorhanden. Stellt dieser Ast sogar eine Verbindung zwischen Herz- und Kopflinie dar, ist diese Neigung noch ausgeprägter. Gefühl und Vernunft bilden dann eine Einheit. Gehandelt wird nur, wenn die Dinge emotional bereichernd als auch vernünftig erscheinen.

Die Zeiteinteilung der Herzlinie

Bei der Zeiteinteilung der Herzlinie wird der Verlauf von Handkante bis zum Jupiterfinger in vier Abschnitte (20 – 40 – 60 – 80 Jahre) eingeteilt. So finden sich Kindheit, erste Liebe und Enttäuschung sowie emotionale Orientierung nach der beruflichen Karriere in den entsprechend markierten Zeitabschnitten.

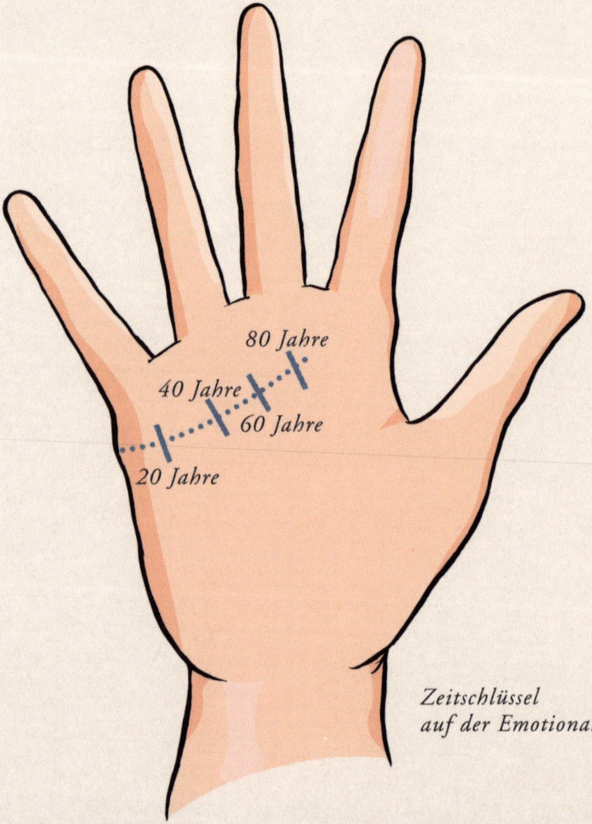

Zeitschlüssel auf der Emotionalis

Die gesperrte Hand

Die echte Sperrung

Fallen Kopf- und Herzlinie zusammen, bilden sie also nur eine Linie oder verbinden sich in ihrem Verlauf, scheint es, als wenn die Hand neben der Lebenslinie nur noch eine weitere Hauptlinie hat.

Man spricht in einem solchen Fall von einer gesperrten Hand. Die gesperrte Hand galt früher als schlechtes Zeichen, weil diese Handfurche bei Primaten zu finden ist oder bei Menschen mit Chromosomenabweichung (Down-Syndrom) auftreten kann. So erhielt sie auch den volkstümlichen Namen »Affenlinie«.

Vor allem in Zeiten, in denen die Handlesekunst noch stark von Aberglauben und Orakelhaftigkeit geprägt war, hatten Menschen mit dieser Handcharakteristik mit argen Vorurteilen zu kämpfen: Sie galten als unheilbringend oder ihnen

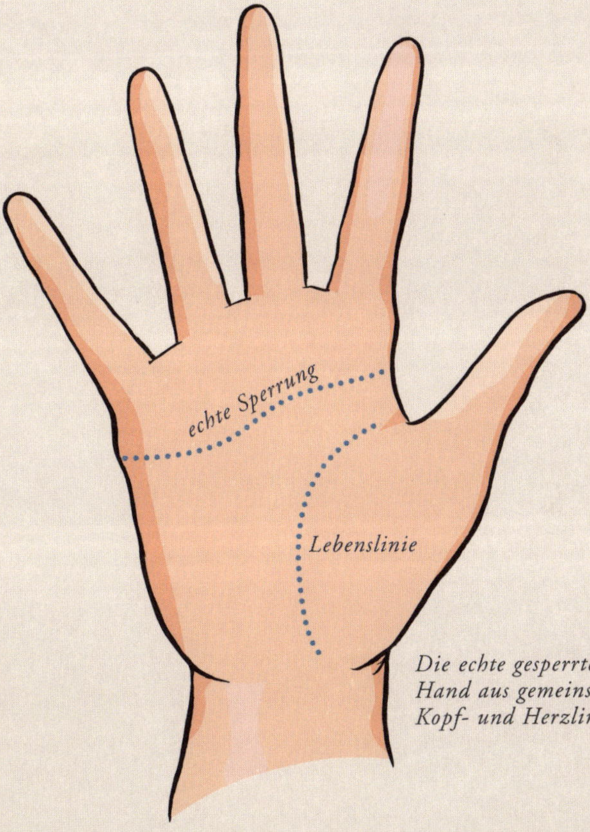

Die echte gesperrte Hand aus gemeinsamer Kopf- und Herzlinie

wurde geistige Verwirrtheit unterstellt. In der modernen Chirologie ist man inzwischen weit davon entfernt, solche Vorurteile und Allgemeinplätze zu transportieren.

Dennoch ist dieses Phänomen beachtenswert, denn Menschen mit einer gesperrten Hand sind Vertreter mit ganz eigenen Charakterzügen und einer sehr individuellen Persönlichkeit.

Grundsätzlich haben Träger einer solchen Herz-Kopf-Linie es schwerer als andere, ihren Gefühlshaushalt und ihre Verstandeskräfte auszubalancieren. Gefühle werden ständig durch den Verstand analysiert, der Verstand wird permanent von Gefühlseindrücken überschwemmt. Solche Menschen stehen stark unter Spannung, was sich durch Unruhe, Nervosität, Gemütsschwankungen, scharfen Intellekt, Kurzschlussreaktionen, Gefühlskälte oder -härte, Originalität, Ablehnung von Zwang durch Äußeres zeigen kann.

Lenken diese Menschen ihre Anlagen in entsprechende Bahnen, können sie sehr kreativ sein, schöpferisch und erfinderisch Bedeutendes leisten. Genie und Wahnsinn liegen bekanntlich nah beieinander.

Bei der Deutung sollte aber berücksichtigt werden, ob erkennbar ist, welche Linie die andere dominiert. Hier gibt die Lage Auskunft. Liegt die Sperrung hoch mit leicht gerundetem Schwung, handelt es sich eher um Herzlinien-Charakter, zielt die Linie eher Richtung Mondberg abwärts, dürfte die Kopflinie dominieren.

Laufen beide Linien nur kurz kongruent oder sind sie nur durch einen Steg an ihrem Ende miteinander verbunden, prägen sich die Anlagen nicht so deutlich aus.

Ästchen nach oben weisen auf ideelle Potenziale hin, die helfen können, das Gleichgewicht zwischen Gefühls- und

Verstandeskräften auszugleichen. Wenn dagegen Ästchen nach unten streben, werden eher die instinkthaften Kräfte verstärkt.

Liegt die Sperrung nur in der linken Hand vor, werden die vorhandenen Spannungen allein im Inneren der Person ausgetragen. Wahrscheinlich erlebt nur die engste Familie oder der Partner die emotionalen Schwankungen oder die verstandesmäßigen Ausrutscher mit.

Die Sperrung der rechten Hand deutet zwar auf vielfältige Fähigkeiten und Wirkungsbereiche im Leben hin, es wird aber schwierig sein, den Ansprüchen gerecht zu werden, weil sich der Träger begeistert auf etwas stürzen kann, sich gleichzeitig der Verantwortung und dem Zwang entziehen möchte, hin- und hergerissen ist zwischen seinem Talent, das er verwirklichen möchte, und seinem Unabhängigkeitsdrang.

Sperrung durch die Herzlinie

Eine Herzlinie, die quer über die gesamte Handfläche läuft, gehört einem Menschen, der emotional sehr überschwänglich ist. Begeistert gibt er sich gerne Illusionen hin, stürzt sich ebenso in seine traurigen, melancholischen Phasen. Er ist leicht zufriedenzustellen, aber auch leicht verletzbar. Für seine Mitmenschen ist er schwer einschätzbar und manchmal schwierig im Umgang.

Sperrung durch die Kopflinie

Verbindet die Kopflinie beide Handkanten miteinander, dominiert eindeutig das kopflastige Verhalten. Präzise und diszipliniert werden alle Anforderungen von außen erfüllt. Dies gilt für die beruflichen Perspektiven ebenso wie für das private, familiäre Bild, das nach außen transportiert werden soll. Es wird Wert gelegt auf einen ordentlichen Rahmen.

Gefühlsausdruck oder gar ein Gefühlsausbruch sind hier selten bis nie zu erwarten. Emotionen wie Zuneigung und Zärtlichkeit zeigen sich eher in der Übernahme von praktischen Tätigkeiten oder Hilfsangeboten, weniger in Worten und Gesten.

Die Nebenlinien

Neben den Hauptlinien wird unsere Hand noch von einigen anderen Linien durchzogen, die so individuell sind, dass nicht nur ihre Ausprägung, sondern auch ihr Vorhandensein von Mensch zu Mensch unterschiedlich ist. Sie geben den seelischen Energiefluss eines Menschen an, sind somit keine Konstante, sondern ändern sich je nach Alter und Lebensumständen.

Nebenlinien zeigen unbewusste oder bewusste Bestrebungen der Charakteranlagen und Fähigkeiten einer Person und geben Aufschluss über Fragen wie: »Wie übt ein Mensch seine Potenziale aus?«, »Wo liegen seine Stärken und Schwächen?«, oder »Wohin führt sein Weg, wenn er seine Anlagen nutzt?«

Wenn einige der hier besprochenen Linien nicht in Ihrer Hand zu finden sind, hat dies allerdings keinerlei negativen Auswirkungen auf Ihr Schicksal. Die Kräfte bündeln sich dann eher in den vorhandenen Linien oder Bergen, sie springen sozusagen als Vertreter für nicht Vorhandenes ein und gleichen aus.

Die Schicksalslinie (Saturnlinie/Saturnalis)

Die Schicksalslinie findet sich als vertikale Linie in der Mitte der Handfläche. Ihr optimaler Verlauf wäre eine fast gerade Linie vom Handgelenk bis hin zum Mittelfingerberg, auf dem sie schließlich ausläuft. So sieht sie aber in den seltensten Fällen aus. Häufiger findet man verschobene, durchbrochene Linien oder nur Teilstücke auf der Hand.

Wie der Name der Linie besagt, drückt sie aus, wie realitätsbezogen und zielstrebig ein Mensch sein Leben gestaltet,

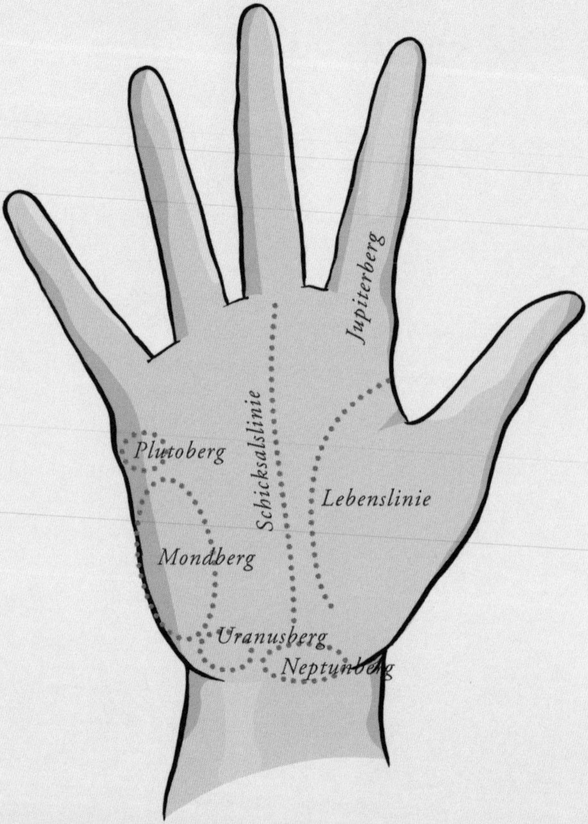
Jupiterberg
Schicksalslinie
Plutoberg
Lebenslinie
Mondberg
Uranusberg
Neptunberg

wie er mit Verantwortung und Pflichtbewusstsein umgeht, wie er die Gesellschaft mit ihrer Kultur, ihren Werten und Traditionen in sein Leben einbindet und wie sein Gewissen aussehen mag, wenn er all dies missachtet. Fehlt die Schicksalslinie, bedeutet dies natürlich nicht, dass der Mensch kein Schicksal hat, sondern eher, dass er sein Schicksal hinnimmt, wie es ist, selbst also nicht gestaltend eingreift, oder dass er bisher wenig Verantwortung in seinem Leben tragen musste, wie es bei Kindern der Fall ist. Sie fehlt auch oft bei Menschen, die dem Leben oder der Gesellschaft gegenüber ein sorgloses Verhalten an den Tag legen.

Der Beginn der Schicksalslinie

Beginnt die Saturnlinie im Neptunberg und zieht sich deutlich Richtung Saturnfinger, ist der Träger fest mit seiner Herkunft und seinem familiären Ursprung verwurzelt.

Als traditionsgebundener Mensch strebt er nach Stabilität. Konservativ orientiert er sich zwar an bestehenden gesellschaftlichen Verhältnissen, aber er geht gleichzeitig seinen eigenen unabhängigen Weg.

Liegt der Beginn der Schicksalslinie in der Lebenslinie, ist ein solcher Mensch noch stärker in das familiäre Umfeld eingebunden. Er löst sich erst spät aus der elterlichen Abhängigkeit und erlangt emotionale oder geistige Selbstständigkeit, entweder weil die gefühlsmäßige Bindung an die Eltern sehr stark ist, weil die Eltern pflegebedürftig sind oder weil die Familientradition beispielsweise die Übernahme des elterlichen Betriebes fordert.

Entspringt die Saturnalis dem Uranusberg, verspricht dies Überraschungen und interessante Einflüsse beruflicher oder privater Natur im Leben ihres Trägers. Der Mondberg als Ursprung deutet die Abkehr vom traditionsgebunden familiären Umfeld an. Ein solcher Mensch geht nicht nur seinen eigenen Weg, dieser mag zudem für die Familie sonderbar und ungewöhnlich erscheinen. Bei seiner Schicksalsbewältigung kann er auf seine Träume, seine Fantasie und sein Unbewusstes zurückgreifen. Obwohl er sehr anpassungsfähig ist und sich schnell in neue Situationen einfindet, bevorzugt er stabile und behagliche Lebensverhältnisse, die ihm die Kraft für sein Leben geben. Bei den Dingen, die ein solcher Mensch verwirklicht, greift er auf sein schöpferisches Potenzial zurück, er identifiziert sich mit Beruf, Familie oder Hobby. Darüber hinaus ist er seelisch angesprochen von seinem Tun und wird die Verwirklichung zielstrebig und konsequent in Angriff nehmen.

Der Beginn im Plutoberg gibt der Schicksalsbewältigung fast etwas Zwanghaftes, Unausweichliches. Ein solcher Mensch besitzt die Zähigkeit, um auch schwerste Schicksalsschläge zu verkraften, besonders wenn der gut ausgeprägte Venusberg in ausreichendem Maße Lebensenergie zur Verfügung stellt.

Der späte Beginn der Schicksalslinie in der Erdebene (Handmitte) bedeutet auch ein spätes Übernehmen von Verantwortung für das eigene Schicksal. Dies kann an den Lebensumständen liegen oder an einer späten Bewusstwerdung. Auch hier bewirkt ein gut ausgeprägter Venusberg das Freiwerden von positiven Lebenskräften, um das Schicksal zu gestalten.

Der Verlauf der Schicksalslinie

Die Schicksalslinie verläuft selten mittig. Liegt sie nahe der Lebenslinie, berührt diese oder verbindet sich sogar mit ihr, deutet dies auf eine starke Bindung an Tradition und Elternhaus hin. Nur mit Anstrengungen wird der Träger

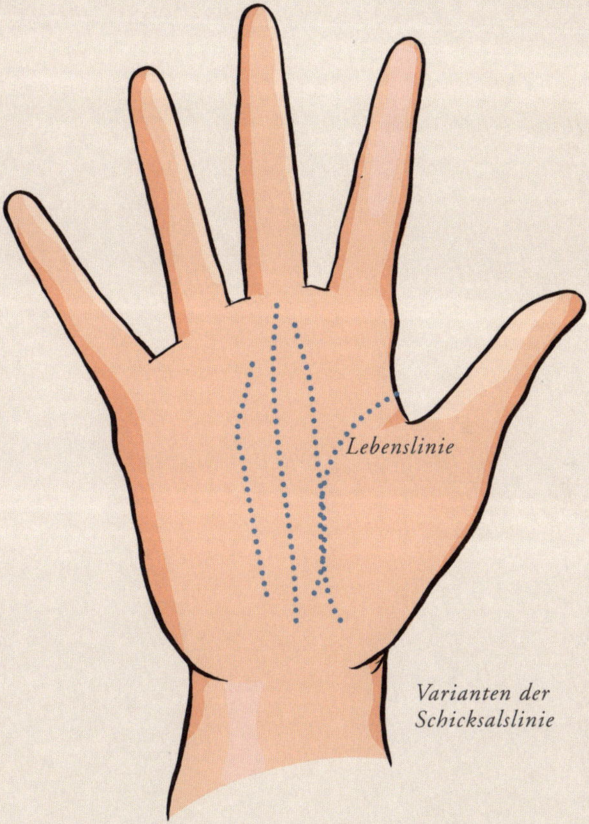

Varianten der Schicksalslinie

seinen eigenen Weg finden. Das kann leicht zu innerer Unzufriedenheit und dem Gefühl von ständiger Abhängigkeit führen.

Eine sehr gerade aufsteigende Linie weist auf Zielstrebigkeit bis Kompromisslosigkeit hin. Unsicherheit kennt ein solcher Mensch kaum. Kommt noch eine gerade Kopflinie hinzu, wird er nüchtern und sachlich sein Leben bewältigen und meist wirtschaftlichen Erfolg haben.

Umso länger die gerade Saturnlinie ist, desto disziplinierter und direkter will der Träger seine Ziele verwirklichen. In Kombination mit einem gut ausgeprägten Mittelfinger und Daumen zielt ein solcher Mensch auf Realisierbares, was er dann auch kompromisslos durchsetzt.

Rückt die Saturnlinie mehr auf die Du-Seite der Hand, lässt sich ein solcher Mensch gerne auf seine Umwelt mit ihren Wechselfällen ein. Negativ kann ein derartiger Verlauf werden, wenn er, statt sein Leben zu gestalten, die Umwelt für sein Schicksal verantwortlich macht.

Das Ende der Schicksalslinie

Eine Wendung der Schicksalslinie zum Jupiterberg bedeutet, dass ihrem Träger Ehrgeiz und Führungskraft zur Lebensbewältigung zur Verfügung stehen. Diese Eigenschaften setzt er für seine eigenen Ziele ein.

Das Ende der Saturnlinie auf dem Saturnberg weist auf eine praxisnahe Schicksalsbewältigung. Der Einsatz der persönlichen Kräfte gilt nur tatsächlich realisierbaren Handlungen, dann aber konsequent und zielstrebig. Unterstützend wirken hier ein gut ausgeprägter Mittelfinger, Venusberg und Daumen.

Ideeller, künstlerischer oder sozialer Natur sind die Lebensziele einer zum Ringfingerberg deutenden Saturnlinie.

Das Ende in Richtung Merkurberg weist auf eine schicksalsbedingte Verknüpfung der Charakteranlage zu kommunikativen oder wirtschaftlichen Berufen hin.

Wird die Saturnalis von der Kopflinie aufgehalten, werden Ziele mit Bedacht angegangen; vernünftige Analyse hat eindeutig den Vorrang vor spontanen Aktionen. Oft hält der Verstand sogar die Zielstrebigkeit auf: Es wird zu lange über etwas nachgedacht, das Für und Wider abgewogen, und dann ist die Gelegenheit zum Handeln oft schon längst vorbei.

Endet die Schicksalslinie in der Herzlinie, wird die Zielstrebigkeit an den eigenen Gefühlen festgemacht. Entscheidungen können aus dem Bauch heraus fallen. Oft ist ein solcher Mensch emotional hin- und hergerissen zwischen den anstehenden Entscheidungen und zaudert zu lange.

Eine Bewusstmachung dieser Strukturen hilft, derartige Hemmnisse zu überwinden. Auf jene Weise kann das Gefühl oder der Intellekt dann fruchtbar in die Schicksalsbewältigung eingebracht werden.

Die Verbindung mit anderen Linien

Unter Umständen kann entweder die Herz- oder die Kopflinie die Schicksalslinie aufnehmen.

Nimmt die Kopflinie die Saturnlinie auf, können sich Zielstrebigkeit und Verstand gegenseitig unterstützen. Ein solcher Mensch kann aber auch sehr eigenwillig sein, wenn es um eine konsequente Durchführung von Aktionen geht.

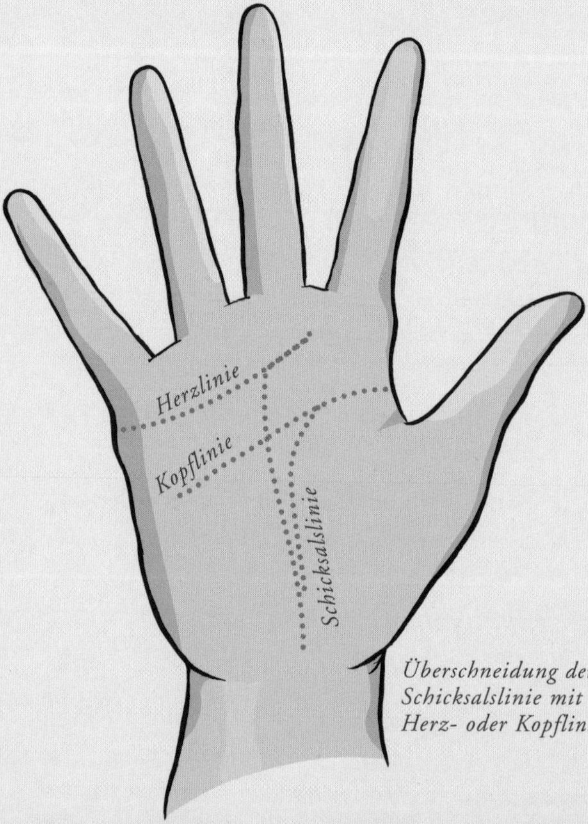

Überschneidung der Schicksalslinie mit Herz- oder Kopflinie

Ein Aufgehen der Schicksalslinie in der Herzlinie unterhalb des Saturnbergs bedeutet eine emotionale Verhaltensweise in der praktischen Umsetzung. Liegt die Vereinigung unterhalb des Jupiterbergs, lässt dies auf eine gefühlsmäßigere Struktur der eigenen Persönlichkeit schließen – Ehrgeiz und Führungsanspruch werden eher emotional denn rational vermittelt.

Die Ausprägung der Schicksalslinie

Eine tief ausgeprägt Schicksalslinie, die zudem noch lang ist, zeigt, dass ein solcher Mensch erfolgreich seine ihm vom Schicksal gestellten Forderungen bewältigen kann. Andere Handbereiche wie Mittelfinger, Zeigefinger und Daumen mit den dazugehörigen Bergen zeigen, welche Eigenschaften und Kräfte ihm dafür zur Verfügung stehen: Zielstrebigkeit, Pflichtbewusstsein und Durchsetzungsvermögen. Oft entwickeln Menschen mit guter Saturnlinie ein starkes seelisches Rückgrat. Nichts wirft sie so schnell aus der Bahn.

Bei einer schwach gezeichneten, oberflächlichen Schicksalslinie weiß ihr Träger oft nicht, was er will, er fühlt sich hin- und hergerissen, und es mangelt ihm an Zielstrebigkeit und seelischem Rückgrat. Dies gilt auch, wenn die Saturnalis sehr zerstückelt und mit Brüchen übersät ist.

Ist die Saturnalis im unteren Handbereich stark ausgeprägt, hat ein solcher Mensch schon früh die Verantwortung für sein Schicksal übernommen. Eine stärkere Ausprägung im oberen Handbereich deutet auf späte Selbstverantwortlichkeit hin.

Wellen verweisen auf ausweichendes Verhalten ihres Trägers; er schlängelt sich eher durchs Leben. Eine Zickzacklinie hingegen lässt auf vielfältige schicksalhafte Ereignisse oder Kurskorrekturen im Leben schließen.

Wird die Linie durch Kopf- oder Herzlinie unterbrochen und läuft danach weiter, werden Hemmnisse überwunden. Läuft die Saturnlinie zum Jupiterberg versetzt weiter, verändert sich die Schicksalsbewältigung auf der materiellen Seite beziehungsweise der persönlichen Ebene. Ein zur Du-Seite versetzt weiter laufender Bruch kann darauf hindeuten, dass die Schicksalsanforderungen in der Zukunft in geistigen, ideellen oder sozialen Anforderungen der Umwelt liegen.

Eine Parallellinie oder Doppelungen in dem jeweiligen Lebensabschnitt zeugen von der Möglichkeit, das Leben mit zusätzlicher Kraft zu meistern oder auf vielfältigere Weise zu bewältigen. Dies mögen beruflich herausfordernde Angebote sein, oder es entwickelt sich ein zweites finanzielles Standbein.

Äste an der Schicksalslinie

Steigt ein Ast von der Lebenslinie zur Schicksalslinie auf, steht einem solchen Menschen zusätzliches Energiepotenzial zur Verfügung, um selbstständig einen speziellen Lebensbereich zu bewältigen.

Entspringt ein Ast aus dem Marsberg in Richtung Saturnlinie, liegt ein hohes Trieb- und Durchsetzungspotenzial vor, mit dem aber verantwortlich umzugehen ist.

Ein aus der Saturnlinie absteigender Ast bedeutet Rückschläge und Entmutigungen.

Laufen mehrere kleine Linien neben der Saturnalis in Richtung Saturnberg, unterstützen sie die Kräfte der Schicksalslinie. Sie weisen auf vielfältige Potenziale der Schicksalsbewältigung hin. Ein solcher Mensch ist anpassungsfähig, vielseitig interessiert, kann aber auch eine Neigung zu Unrast und Unstetigkeit haben.

Die zeitliche Einteilung der Schicksalslinie

Der Zeitverlauf der Saturnlinie wird von unten nach oben berechnet. Die Schnittstelle zwischen Schicksalslinie und Kopflinie gibt ungefähr das 25. Lebensjahr an. Diese Zahl ist zwar in der Literatur umstritten, sie markiert aber immer die Loslösung aus dem Elternhaus und den Beginn der Eigenständigkeit, ob nun mit 21 oder mit 30 Jahren.

Die weiteren Lebensjahre bis zur Herzlinie lassen sich dann im Grunde nur mit einer Lupe zählen. Jede Papillarlinie entspricht einem Lebensjahr. Das 45. Lebensjahr liegt etwa an der Schnittstelle zur Herzlinie. So findet sich in dem Abstand zwischen Kopf- und Herzlinie die aktivste Zeit im

Leben eines Menschen. Die Zeit über der Herzlinie ist dann nicht mehr so sehr von neuen Erfahrungen, sondern eher von dem Einbringen gemachter Erfahrungen in das Leben geprägt.

Die Ringfingerlinie (Apollolinie)

Die Ringfingerlinie endet immer auf dem Ringfingerberg, oder aber sie ist nur dort zu sehen. Sie steht für Einfühlungsvermögen, Harmonie und Taktgefühl sowie ideelle Bestrebungen des Menschen.

Auch künstlerische Talente lassen sich hier erkennen. Diese müssen sich aber nicht immer in der Ausübung eines kreativen, künstlerischen Berufes in der Öffentlichkeit ausdrücken, sondern können ebenso in der privaten Vorliebe für Bastel- oder Handarbeiten ein Ventil haben oder im

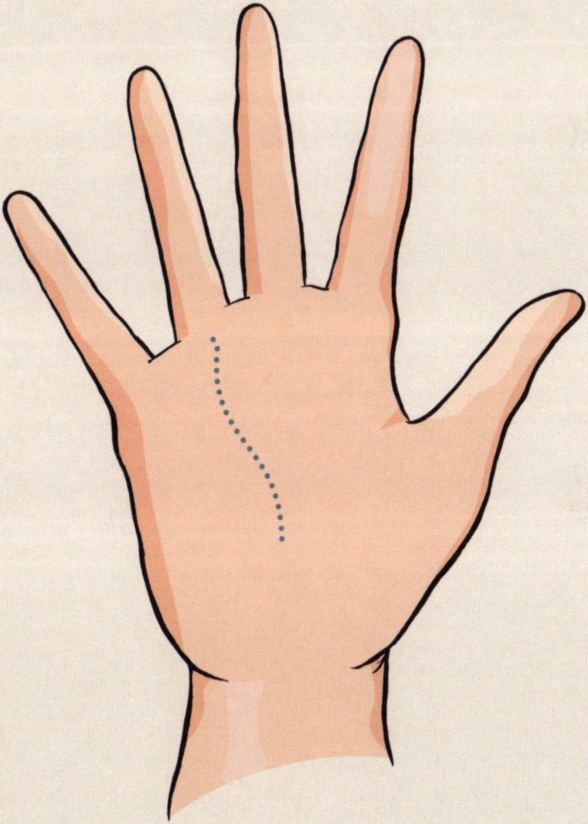

rezeptiven Genuss von Musik, formschönen Dingen, modischem Stil oder klassischer Dekoration.

Als negative Kehrseiten lassen sich aber auch die Tendenz zur Eitelkeit, Streben nach Aufmerksamkeit, Genießen des Augenblicks, Leichtigkeit, aber auch Leichtsinn in der Apollolinie ablesen.

Der Beginn der Ringfingerlinie

Der Ursprung der Apollolinie gibt Auskunft darüber, mit welchen weiteren Qualitäten sich die einfühlsamen oder künstlerischen Anlagen des Menschen verbinden.

Beginnt die Ringfingerlinie im Venusberg oder in der Lebenslinie, kommen zur Begabung noch Vitalität, Dynamik und Durchsetzungsvermögen hinzu. Solche Menschen sind meist herzlich, mit einem frohen Gemüt ausgestattet und sehr charmant.

Liegt der Ursprung im Neptunberg, kommen ererbte Fähigkeiten hinzu. Künstlerisches Talent oder eine einfühlsame Natur liegen in diesem Fall in der Familie und wurden so an die Nachfahren weitergegeben. Haben die Vorfahren schon Erfolg in der Öffentlichkeit gehabt, dürfte sich auch bei einem Menschen, der einen derartigen Verlauf der Apollolinie trägt, Erfolg einstellen – entweder materiell oder bei eher ideeller Grundausrichtung durch kreativen Reichtum und Lebensglück.

Steigt die Apollolinie aus dem Uranusberg auf, verbinden sich intuitives Wissen mit künstlerischem Ausdruck oder im Umgang mit den Mitmenschen. Ein solcher Mensch kann aber durch seine plötzlichen Eingebungen auch sprunghaft und egozentrisch wirken.

Beginnt die Ringfingerlinie im Mondberg, ist ein solcher Mensch stark von seinem seelisch Unbewussten, von seinen Träumen und Fantasiebildern geprägt. Eine solche Prägung kann aber nur dann erfolgreich in der Kunst Ausdruck finden, wenn gleichzeitig die Kopflinie bis in den Mondberg reicht und die Saturnlinie auf Zielstrebigkeit hindeutet. Bei erhöhtem Mondberg besitzt ein solcher Mensch harmonische Du-Beziehungen und strahlt Mütterlichkeit aus. Ist der Mondberg aber zu hoch, ist der Mensch eher launenhaft und bequem.

Eine Apollolinie mit Ursprung im Plutoberg verleiht den künstlerischen Neigungen oder den Beziehungen zu anderen Menschen dagegen eine fast schon zwanghaft zu nennende Ausprägung. Eifrig und mit allen Kräften, fast fanatisch und teilweise unter Verzicht auf andere Lebensziele, werden diese Anlagen suggestiv überzeugend, im schlimmeren Fall gar überredend verfolgt.

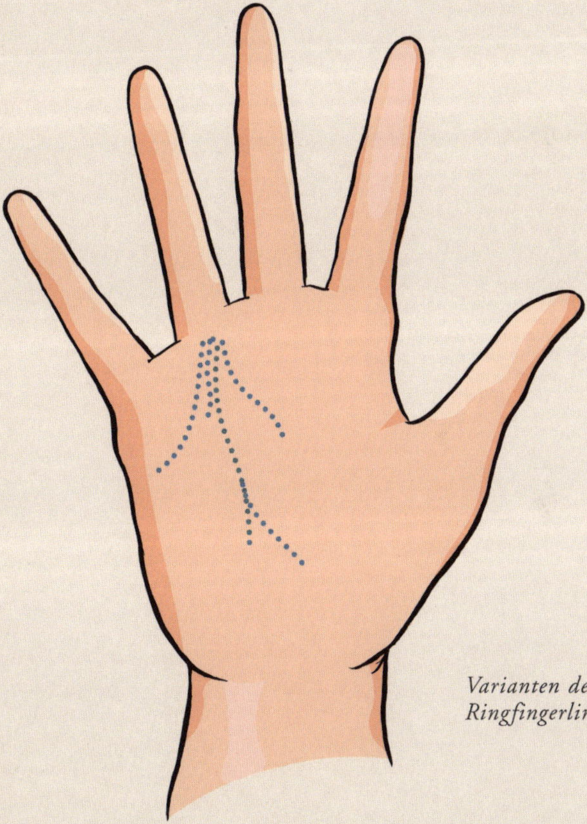

Varianten der Ringfingerlinie

Beginnt die Ringfingerlinie in der Erdebene, also in der Handmitte, sind die Anlagen eines solchen Menschen fest in der Realität verankert. Er schöpft Kraft für seine künstlerischen oder ideellen Neigungen aus dem sozialen Gefüge, in dem er lebt.

Die Verbindung mit anderen Linien

Beginnt die Apollolinie in der Saturnlinie, sind Partnerschaften, Beziehungen zu den Mitmenschen oder künstlerische Ambitionen mit ernsthaftem Bemühen zwar zu erreichen, brauchen allerdings einen großen Teil des Verantwortungsgefühls und des Pflichtbewusstseins auf, das der Träger besitzt.

Bei einer aus der Kopflinie aufsteigenden Ringfingerlinie werden die Fähigkeiten oder Neigungen erst mit dem Verstand geprüft. Dies kann ein Hemmschuh für spontane Zuwendung oder Kreativität sein.

Ist die Herzlinie der Ursprung der Apollolinie, erwächst aus dem Gemüt der Zugang zu schöpferischer Tätigkeit oder die Hinwendung zum Du. Dies kann aber auch bedeuten, dass ein solcher Mensch in einer rein rezeptiven Hinwendung zur Kunst sein stilles Vergnügen findet. Endet die Apollolinie in der Herzlinie, verbinden sich ideelle, künstlerische Neigungen mit den Aspekten der Herzlinie. Daraus kann ein Sinn für die Wahrung höherer Werte wie Wahrheit, Tugend, Güte und Schönheit entstehen.

Die Ausprägung der Ringfingerlinie

Unterscheiden sich die Ringfingerlinien in der linken und rechten Hand durch ihre Stärke oder Linienführung, gilt hier für die stärker ausgeprägte linke Seite eher der passive Genuss. Zum Ausdruck seiner Fähigkeiten braucht ein solcher Mensch immer den Anstoß von außen. Besitzt der Mensch in der rechten Hand eine gut ausgeprägte Linie, will er seinen Anlagen Ausdruck verleihen.

Bei einer verwackelt aussehenden oder bei einer durchbrochenen Apollolinie neigt ihr Träger dazu, Veränderungen nur schlecht zu verarbeiten und Kritik an seiner Person empfindlich aufzunehmen.

Eine Insel unterhalb der Herzlinie weist auf ein geringes Selbstvertrauen hin, liegt die Insel über der Herzlinie, kann sie Schüchternheit und Lampenfieber anzeigen.

Viele kleinere Linien am Ringfingerberg deuten auf partnerschaftliches Einfühlungsvermögen und auf den Genuss von vielseitigen musischen Interessen.

Ein Verdoppelung, die meist nur oberhalb der Herzlinie auftritt, kann, wenn sie mehr zum Merkurberg verlagert ist, wirtschaftliche Fähigkeiten verraten. Ist sie in Richtung zum Saturnberg verschoben, verweist dies auf wissenschaftliches Können.

Verästelt sich die Apollolinie auf dem Ringfingerberg zwei- oder dreimal, lässt dies auf verschiedene Interessen des Trägers schließen, die er erfolgreich einsetzen kann.

Die Kleinfingerlinie (Merkurlinie)

Die Kleinfingerlinie läuft bis an den Merkurberg oder in ihn hinein. Sie verdeutlicht ein vermittelndes, kommunikatives, bewegliches Element in der Charakteranlage, die sich als wissenschaftliche, kaufmännische, geistige oder auch körperliche Tätigkeit äußern kann.

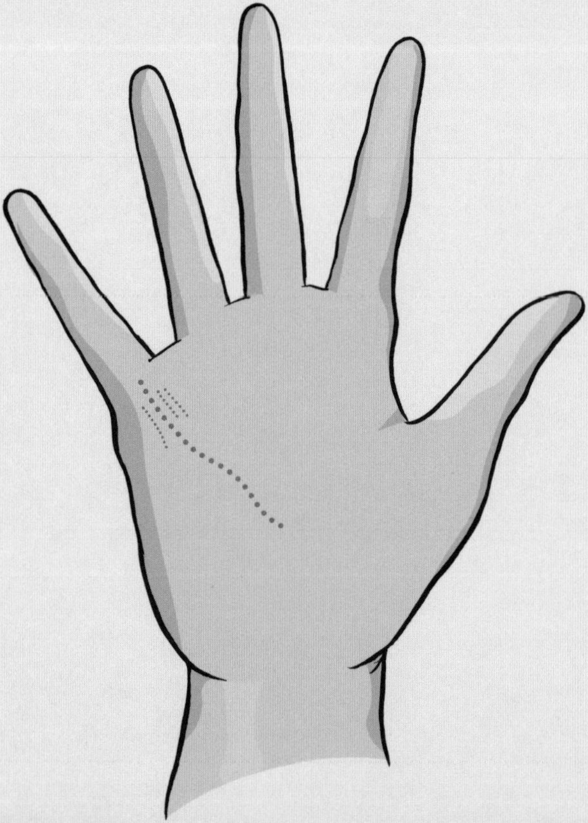

Eine solche Tendenz lässt sich anhand der Grundform der Hand überprüfen. Eine Spatelhand mit Merkurlinie offenbart finanzielles und körperliches Geschick, eine eckige Hand lässt eher auf organisatorische, pädagogische oder kommunikative Fähigkeiten schließen. In einer konischen Hand drückt die Merkurlinie Feingefühl und Empfindsamkeit für andere Menschen aus.

Beginn und Verlauf der Kleinfingerlinie

Eine geschwungene Merkurlinie, die quer über die Hand vom Venusberg oder der Lebenslinie bis zum Merkurberg verläuft, zeigt, dass der Träger seine persönlichen Interessen gut in Worte kleiden und in die Tat umsetzen kann. Er kommt schnell auf den Kern einer Sache zu sprechen, weil er gut die Hintergründe durchschaut. Im Ausdruck ist er gewandt, der Umgang mit Menschen ist von psychologischem Verständnis geprägt. Ist diese Linie dagegen gerade und reicht weit in den Venusberg hinein, hindern die persönlichen Interessen einen solchen Menschen eher an der Darstellung und Umsetzung, weil sie rein subjektiv gesehen werden, ohne die Umwelt mit einzubeziehen. Solche Menschen stoßen aufgrund der mangelnden Sensibilität bei ihren Mitmenschen häufig auf Widerstand und wenig Gegenliebe.

Hat die Kleinfingerlinie ihren Ursprung im Neptunberg, kann der Träger seinen Instinktbereich für seine Tätigkeiten anzapfen. Dies kann für die kommunikativen Fähigkeiten eine Tendenz zum Philosophischen oder Mystischen bedeuten. Bei geistigen Tätigkeiten sind schnelle intellektuelle Denkprozesse möglich. Ein solcher Mensch hat eine sichere Hand für den richtigen Zeitpunkt bei Geschäften und Abschlüssen, wobei allerdings die Gefahr besteht, durch Spekulationen das Erreichte wieder zu verlieren.

Beginnt die Merkurlinie im Mondberg, können Fantasie und Träume in den Dienst der Kommunikation oder des menschlichen Miteinanders einfließen. Die Fähigkeit zu künstlerischem Schaffen ist allerdings nur bei gut ausgeprägter Kopf- und Saturnlinie gegeben.

Entspringt die Merkurlinie aus dem Plutoberg, bekommen sprachlicher Ausdruck und Tätigkeiten – wirtschaftlich, sportlich, geistig – etwas Fanatisches, Zwanghaftes, manchmal sogar etwas Suggestives und Manipulatives.

Setzt die Merkurlinie an der Saturnlinie an, wird ihr Träger seine Merkuranlagen für seine Lebensbewältigung nutzen. Er beurteilt Geschehnisse, Begegnungen und Menschen immer in Hinblick auf die ihm vom Leben gestellte Aufgabe. Entscheidungen sind so zwar sorgsam bedacht, aber dies kann auch belastend sein, weil ein solcher Mensch immer ein hohes Verantwortungsgefühl verspürt.

Oft finden sich nur einige kleine Merkurlinien auf dem Merkurberg. Hier bedeuten sie eine Vielfalt der merkurischen Anlagen, die sich in beredter Kommunikation, organisatorischem Geschick, handwerklichem Talent oder kaufmännischer Verhandlungsstärke ausdrücken können.

Das Ende der Kleinfingerlinie

Endet die Merkurlinie an der Kopflinie, ist ihr Ursprung zu beachten. Die jeweiligen Kräfte gehen mit den Verstandeskräften eine Bindung ein. Steigt zum Beispiel die Kleinfingerlinie vom Neptunberg bis zur Kopflinie auf, kann ein solcher Mensch seine instinktiven Regungen gut in seine intellektuellen Fähigkeiten integrieren und verarbeiten.

Gleiches ist beim Ende der Merkurlinie in der Herzlinie zu beachten. Hier würde der Anfang im Neptunberg bedeuten, dass die Bilder aus der Tiefe des Instinkthaften zwar gefühlt, aber nur schwer objektiv ausgedrückt werden können, weil die Fähigkeiten des Merkurfingers nicht vollständig ausgeprägt sind.

Die Ausprägung der Kleinfingerlinie

Eine lange, kräftige Merkurlinie steht für theoretisches Wissen. Die Verdoppelung der Kleinfingerlinie deutet auf eine rasche geistige Aufnahme- und Ausdrucksfähigkeit hin, aber auch auf ein gutes Einfühlungsvermögen.

Parallele Merkurlinien finden sich oft in Händen von Therapeuten, Sozialarbeitern und Ärzten sowie verwandten Berufszweigen. Auch für Arbeiten, bei denen rein kommunikative Tätigkeiten gefragt sind, ist der Träger einer solchen Linienführung prädestiniert.

Eine häufig unterbrochene Merkurlinie lässt auf schwache Nerven schließen. Um das Nervenkostüm zu schonen, bedarf ein solcher Mensch Phasen der Erholung und Entspannung.

Verlaufen die Energielinien des Venusbergs zusätzlich zu einer vorhandenen Merkurlinie in Richtung Merkurberg, erhält ein solcher Mensch Lebensenergie für seine kommunikativen Fähigkeiten.

Die Uranuslinie

Die Uranuslinie entspringt am unteren Handgelenk im Uranusberg und verläuft im Bogen in Richtung Merkurfinger oder Ringfinger. Dies wäre zweifellos der optimale Verlauf, doch in den meisten Fällen erreicht diese Linie nicht ihr Ziel.

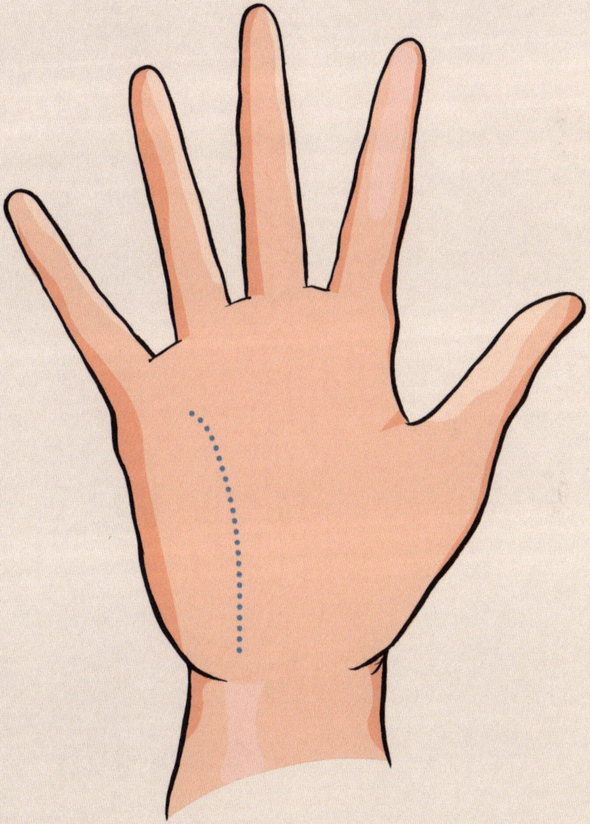

Alle aus dem Uranusberg aufsteigende Linien haben Uranus-Charakter und können zur Deutung herangezogen werden. Hier ist zu beachten, ob sie sich mit einer der anderen Linien (Merkur-, Apollo- oder Saturnlinie) verbinden. Diese würden dann eher einen uranischen Aspekt erhalten.

Die Qualität der Uranuslinie ist die Intuition – der Geistesblitz, der plötzlich aufsteigt und zur Lösung eines Problems beiträgt. Intellektuelles Wissen erwächst urplötzlich aus dem Unbewussten: So werden Erfindungen gemacht, Umstürze eingeleitet, Reformen und Neuorientierungen, emanzipatorisches Streben haben hier ihren Ursprung.

Eine Uranuslinie in der linken Hand weist auf intuitive intellektuelle Erkenntnisse, aber auch auf Nervosität und innere Unruhe hin. Rechts deutet die Linie eher auf technisches Verständnis.

Bei Spatelhänden stärkt die Uranuslinie den Freiheitsdrang, die Geistesgegenwart und den Mut zum Risiko. Die eckige Hand mit Uranuslinie besagt, dass ein solcher Mensch unter Spannungen zwischen seiner durchorganisierten, vernünftigen Lebensweise (Handform) und seinen intuitiven Seelenkräften (Linie) leidet. Mit einer guten Kopflinie lassen sich diese Spannungen durch gestalterische Arbeit auflösen. Ein Mensch mit einer konischen Handform, der aufgrund dieser Form eher zur Passivität neigt, wird ebenfalls mit einer Uranuslinie unter seiner seelischen Dynamik leiden, die sich so keine Bahn brechen kann. Auch in diesem Fall kann die gut ausgeprägte Kopflinie ausgleichend wirken.

Die Potenziale der Uranuslinie können nur zur Geltung gelangen, wenn die Uranuslinie zumindest den Mondberg erreicht, der als Katalysator fungiert. Im Mondberg werden die intuitiven Ströme über Träume und Fantasiebilder ins Bewusstsein geholt und können dort über andere Linien weitergeleitet werden. Die beste Verbindung läge hier in einem Uranus-Merkurlinien-Verlauf. Die Merkurlinie kann die uranischen Signale auffangen und in Worte und Handlungen übersetzen.

Eine weitere wichtige Komponente zur Deutung ist der Verlauf der Kopflinie. Spricht diese für einen ausgeprägten Realitätsbezug und gute Unterscheidungskraft, können Uranuslinien-Anlagen integriert werden.

Weist die Uranuslinie zur Saturnlinie und verbindet sich mit ihr, vollzieht ein solcher Mensch viele innere Umschwünge. Er orientiert sich häufig beruflich neu oder findet eine neue Partnerschaft verlockender als die alte. Diese Wandlungen werden meist als schicksalhaft empfunden.

Eine oder mehrere Uranuslinien, die den Uranusberg nicht verlassen, können sich ringförmig darstellen (Uranusgürtel).

Ein solcher Mensch ist gefangen in seinen intuitiven Regungen, die nicht nach außen geleitet werden können. Er wirkt unruhig, neigt zu Ausbrüchen und Kurzschlussreaktionen, wirkt manchmal überdreht, mitunter auch originell. Um diese Energien nicht brachliegen zu lassen, muss der Träger seine Verstandeskräfte stärken, beispielsweise durch Fleiß und Beharrlichkeit.

Die Neptunlinie

Oberhalb des Handgelenks entspringt aus dem Neptunberg die Neptunlinie. Sie bezieht sich auf die instinkthaften Ursprünge und Kräfte im Menschen. Alles, was nicht mit dem Verstand erfassbar ist wie Magie, Transzendenz, Mystik, Hellsichtigkeit, aber auch bedingungslose Hingabe und Sehnsucht haben hier ihre Wurzeln. Vorsicht: Auch Sehnsucht kann zur Sucht werden!

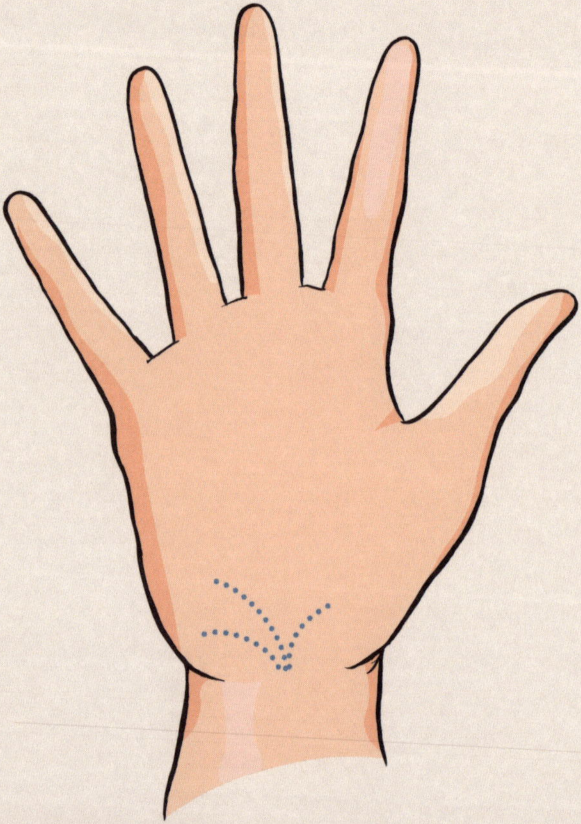

Zusammen mit einer gut ausgeprägten Saturnlinie und einer realitätsbezogenen Kopflinie lassen sich die Aspekte der Neptunlinie positiv in das Leben integrieren.

Das Ende der an sich kurzen Neptunlinie kann in den Venusberg, zum Uranusberg und zum Mondberg führen. Oft liegt eine gerade Linie quer über der Grenze zwischen Mond- und Uranusberg. Diese kann sich unter Umständen bis zum Venusberg durchziehen. Manchmal liegen auch mehrere kleine Neptunlinien wie gestapelt übereinander am Neptunberg; sie sehen dann aus wie Dreiecke. Die Neptunlinie kann sich aber auch mit den anderen Linien verbinden.

Endet sie im Uranusberg, verbinden sich Instinkt und Intuition, was sich bei ungünstiger weiterer Linienkonstellation in Überreizung und Übersensibilisierung und in Suchtverhalten niederschlagen kann. Ansonsten besteht ein

Interesse an transzendentalen Vorgängen oder Parapsychologie. Oft hat der Träger eine mediale Veranlagung.

Reicht die Neptunlinie bis in den Mondberg, ist der Mensch sehr empfindsam für Traumbilder, reich an Inspiration, hochgradig feinfühlig, aber auch anfällig für Illusionen, Selbsttäuschungen und Trugbilder. Solche Menschen können sich in Du-Beziehungen sehr gut auf den anderen einstellen, sie ahnen geradezu Gefühle und Gedanken des anderen. Es besteht aber Gefahr, dass oft falsch interpretiert und dem eigenen Ich zu wenig Beachtung geschenkt wird.

Eine einem Balken ähnliche Neptunlinie, die auf der Grenze Uranusberg-Mondberg liegt, lässt auf Ahnungsvermögen und Wachträume schließen, Fähigkeiten zu Trancezuständen und Hellsichtigkeit. Medizinisch ist diese Form der Linie ein interessanter Hinweis auf Gifte im Körper, entweder durch Allergien oder Süchte.

Reicht diese Form der Neptunlinie noch weiter bis zum Venusberg, ist der Mensch überempfindlich, reagiert hypersensibel auf seine Umwelt und seine eigenen Gefühle, aber auch auf Medikamente, Suchtmittel, Allergene usw., die nicht gut für Körper und Seele sind. Die Lebensenergie des Venusberg wird entweder abgezogen für instinkthaftes Überleben und intuitives Handeln; bei positiver Gestaltung des Schicksals steht der Vitalität auch das Wissen um Urinstinkte zur Verfügung.

Die kleinen dreieckig erscheinenden Neptunlinien direkt am Handgelenk sind ein Hinweis auf zielsicheres instinktives Handeln und eine mögliche Spiritualität.

Verbindet sich die Neptunlinie mit der Merkurlinie, kann ein solcher Mensch kommunikativ, geistig oder kaufmännisch aus dem Bauch heraus in der Regel richtige Entscheidungen treffen.

Eine Verbindung zur Schicksalslinie spricht für starke Mutterinstinkte: das Muttersein wird als Lebensschicksal empfunden. Solche Mütter behüten ihr Kind oft sehr stark und sind kaum in der Lage, sich von ihrem Kind zu lösen.

Die Verbindung mit der Lebenslinie bedeutet, dass solchen Menschen auch aus ihren Urinstinkten vitale Lebensenergie zufließt.

Eine Neptunlinie in Kombination mit einer spateligen Handform deutet darauf hin, dass Instinkte sicher in Entscheidungen und Aktivitäten einbezogen werden. In Verbindung mit einer eckigen Hand weiß ihr Träger die neptunischen Kräfte verstandesmäßig zu bändigen. Für den Träger einer konischen Hand, die sowieso schon eine Tendenz zum Spirituellen vorgibt, ist eine zusätzliche Neptunlinie dagegen schwer zu verarbeiten. Sie kann hier eher belastend sein.

Der Venusgürtel

Der Venusgürtel befindet sich oberhalb der Herzlinie und beginnt am Jupiterberg oder zwischen Zeige- und Ringfinger und verläuft im Bogen zum Mittelfinger oder sogar bis zum Ringfinger.

Der Bogen ist nicht als ausgeprägte, einzelne Linie zu sehen, sondern er setzt sich oft aus mehreren Teilstücken zusammen. In seltenen Fällen zeigt sich der Venusgürtel auch als geöffneter Bogen bis hin zum Merkurberg.

Ist der Linienverlauf gerade, lässt dies auf eine intellektuelle Tendenz schließen; der Bezug zum Merkurberg würde das noch unterstreichen.

Menschen mit einem Venusgürtel sind empfindsam für die unterschiedlichsten Schwingungen. Sie können sich schöp-

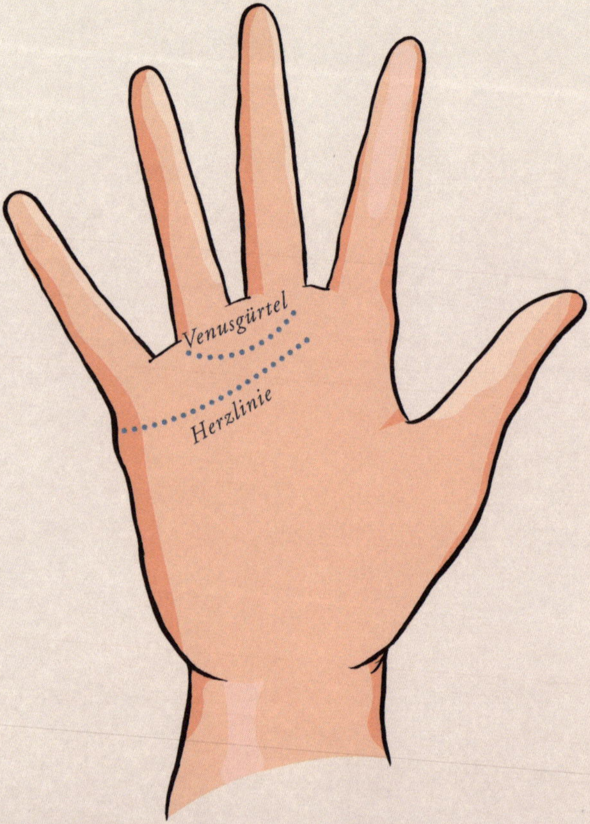
Venusgürtel
Herzlinie

ferisch oder wissenschaftlich tief in ein Thema versenken. Ebenso erleben sie seelische Tiefe bei sich oder anderen, spüren wie ein Seismograph atmosphärische Schwankungen auf. Oft können sie die Grundstimmung auf einer Konferenz, einem Meeting oder einer Party sehr genau fühlen. Auch bei ihrem Gegenüber spüren sie den wirklichen emotionalen Beweggrund für Handlungen und Äußerungen.

Generell können solche Menschen Geistiges, Esoterisches, Ästhetisches, Farben, Formen, Klänge und Sinnliches sensitiver erfassen als andere. Sie haben meist auch einen ausgeprägten Sinn für Erotik. Wegen ihrer tiefgehenden Sinneswahrnehmung sind Venusgürtelträger allerdings nicht nur empfindsam, sondern auch empfindlich bis nervös.

Ein Venusgürtel, der sich aus mehreren, sich überlappenden Linien zusammensetzt, zweifach oder dreifach gezeichnet verläuft, verstärkt innere Unruhe und Überempfindlichkeit. Solche Menschen leiden beispielsweise oft unter Prüfungsangst.

Läuft der Venusgürtel bis in den Merkurberg, handelt es sich um einen sehr wissbegierigen Menschen, der sich intensiv geistigen Forschungen widmen kann. Endet der Venusgürtel aber an der Handkante, überwiegen Nervosität und Unruhezustände.

Verbindet sich der Venusgürtel mit einer Bindungs-, beispielsweise der Herzlinie, deutet dies auf eine tiefe, enge Beziehung zu einem Partner hin, die fast etwas Schicksalhaftes in sich trägt. Negativ kann es sich aber auch um eine sehr abhängige bis hörige Verbindung handeln.

Der Venusgürtel sollte entweder durch die Saturnlinie oder durch die Apollolinie unterbrochen sein, denn dann finden die Anlagen des Gürtels ein Ventil und können harmonischer ausgelebt werden.

Ein Spatelhänder mit Venusgürtel und gleichzeitig ausgeprägtem Venusberg besitzt oft eine starke Sexualität und will diese auch überlegen ausleben.

Generell ist der Venusgürtel in Kombination mit einer eckigen Hand am besten in Harmonie zu bringen. Die eckige Form, die grundsätzlich Intelligenz und Ordnungssinn impliziert, wird dann wegen des Venusgürtels ergänzt durch eine ungewöhnliche Aufnahmefähigkeit für künstlerische oder wissenschaftliche Themen.

Die konische Hand dagegen kann nur sehr schwer mit den Eigenschaften des Venusgürtels in Einklang gebracht werden. Solche Menschen erscheinen oft unbefriedigt, weil ihre Sehnsüchte unerfüllt bleiben.

Die Plutolinie

Die Plutolinie ist bei einer Draufsicht auf die Hand eigentlich gar nicht zu sehen, denn sie liegt genau auf der Handkante und verbindet Plutoberg mit Mondberg/Uranusberg.

Eine Plutolinie ist äußerst selten, kann auch häufig nur kurzfristig auftreten, wenn sich ein Mensch stark mit spirituellen, transzendentalen oder magischen Prozessen beschäftigt oder eine innerliche Wandlung vollzogen hat. Schicksalsschläge wie der Tod eines geliebten Menschen und die Beschäftigung mit Leben und Tod, oder das Nachdenken über die Möglichkeit eines Lebens nach dem Tod können eine Plutolinie hervorrufen.

Eine andere Deutung der Plutolinie unterstützt die Interpretation, dass der Träger einer solchen Linie Zugang zum

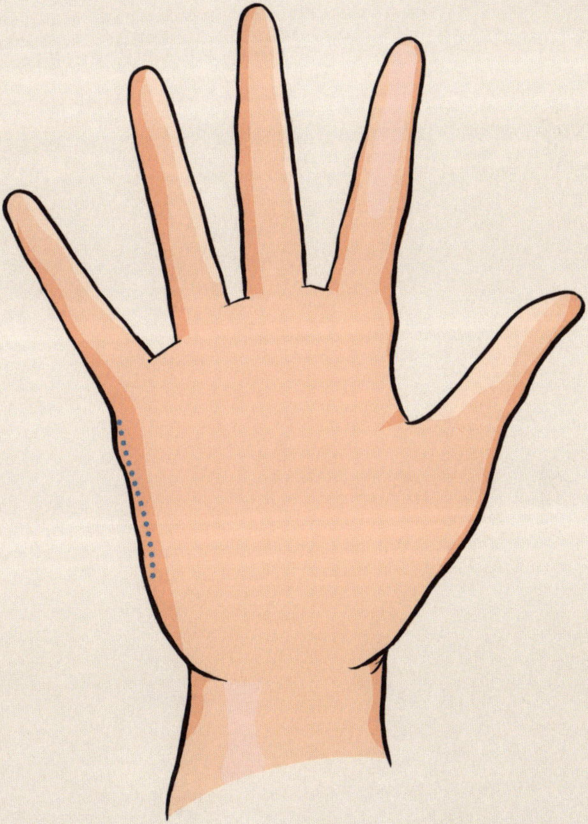

Übersinnlichen hat, manchmal sogar mit hellseherischen Fähigkeiten ausgestattet ist.

Ein solches Talent muss sich nicht nur in Bezug auf einen einzelnen Menschen (Neptunlinie/Neptunberg) zeigen, sondern kann auch auf ein Kollektiv (Plutoberg) zutreffen. In letzterem Fall sagt man solchen Menschen, denen ihre eigene Fähigkeit bewusst ist, nach – hierfür muss die Plutolinie aber in der rechten Hand oder in beiden Händen vorhanden sein –, dass sie wichtige Ereignisse wie Naturkatastrophen, Regierungsumstürze etc., die eine Vielzahl von Menschen betreffen, vorhersehen können.

Ist die Plutolinie nur links vorhanden, ist sich ein solcher Mensch seiner hellsichtigen Qualitäten allerdings gar nicht bewusst. Durch spirituelle Übungen oder Meditation können derartige Anlagen aber an die Oberfläche und ins Bewusstsein treten.

Die Mondberglinien

Auf dem Mondberg, der keine eigene große Linie besitzt, verlaufen gelegentlich viele kleine Querlinien von der Handkante in den Mondberg hinein. Man nennt sie auch Mondberglinien, Reiselinien oder Fantasielinien.

Derartige Linien stehen für räumliche Veränderung, Ortswechsel, den Drang nach Bewegung, Reisen in der Realität oder nur in der Fantasie.

Die Heilerlinien

Kleine senkrechte Linien an der Handaußenkante, über den Ehelinien liegend, werden Heilerlinien genannt. Sie sind leicht mit den kleinen Merkurlinien zu verwechseln. Heilerlinien deuten den Wunsch an, sich sozial für

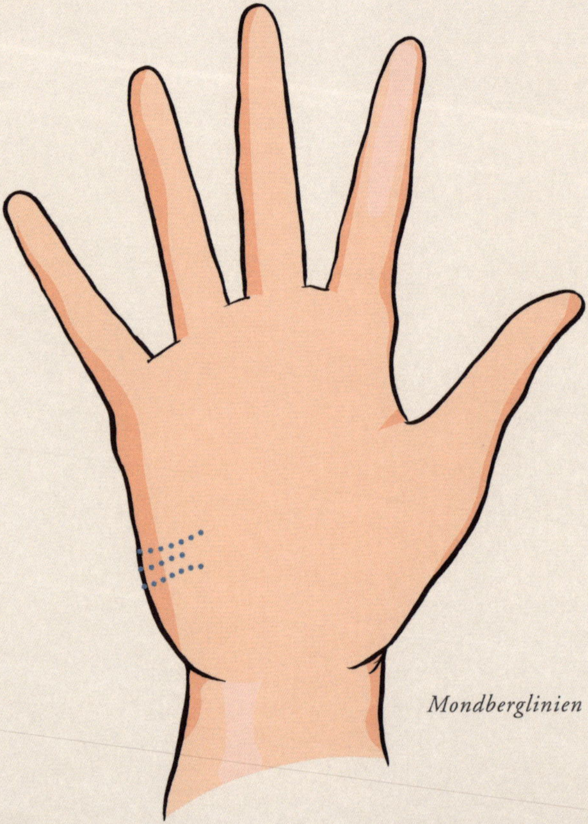
Mondberglinien

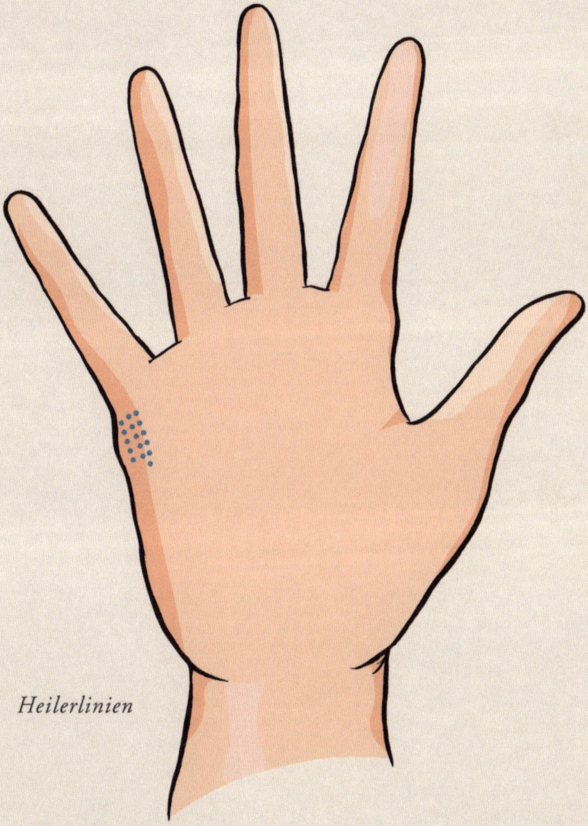

Heilerlinien

andere Menschen zu engagieren, ihnen zu helfen oder heilend tätig zu werden.

Die Ehelinien

Oberhalb des Beginns der Herzlinie auf dem Merkurberg liegen die so genannten Ehelinien. Es handelt sich meist um zwei oder drei kurze, ausgeprägte Linien. Sie sagen nichts über die Anzahl der Ehen oder Partnerschaften aus, sondern etwas darüber, wie tief emotional beteiligt und dauerhaft ein solcher Mensch sich an andere Menschen bindet. Diese Bindung kann freundschaftliche, seelsorgerische und/oder auch partnerschaftliche Qualitäten haben.

Bei einer ausgeprägten Anlage zu tiefgehenden, stabilen und dauerhaften Partnerschaften sind auch die Ehelinien deutlich zu sehen.

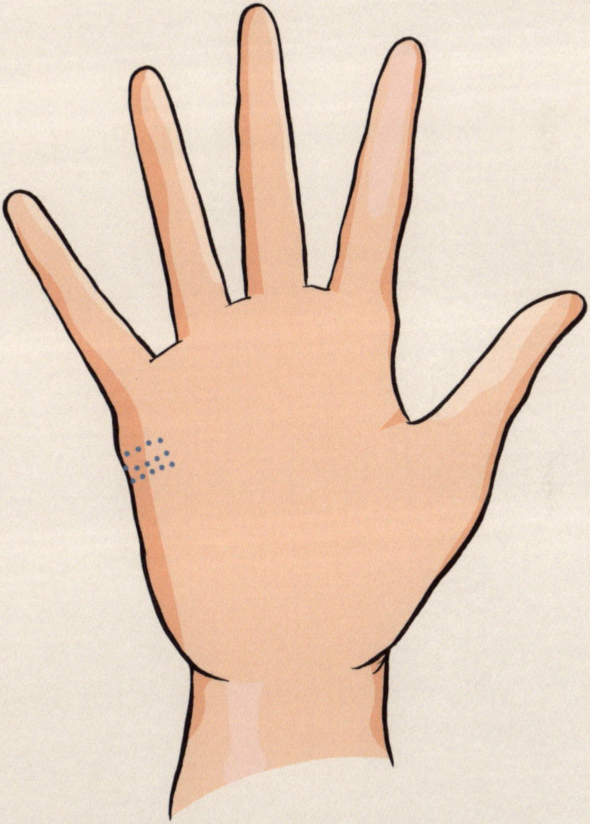

Viele kleinere Ehelinien deuten dagegen auf eine Vielzahl von Beziehungen, die weder beständig noch tiefgehend sind.

Striche auf den Ehelinien oder Gabelungen zeigen Störungen in den Beziehungen zur Umwelt an. Neigt sich eine Ehelinie deutlich abwärts Richtung Herzlinie könnte sich ein schweren Verlust ankündigen, der dem Träger zu schaffen macht.

Der Handtisch

Der Freiraum zwischen der Herz- und Kopflinie wird Handtisch genannt. Betrachtet man ihn genauer, sollte er ausgewogen wirken, sich im besten Falle also im Zentrum mittelweit und sich gegen Jupiterberg und Plutoberg leicht verbreitern.

Der Handtisch ist das Symbol für Eigenschaften wie Großzügigkeit, Fairness und Toleranz. Der ausgewogene Handtisch spricht für eine gute Verbindung von Gemüts- und Verstandeskräften.

Ist der Zwischenraum zwischen den beiden Linien zu weit, führen Gemüt und Intellekt ein Eigenleben und sind kaum in Einklang zu bringen. Das Leben zeigt dann immer wieder Schwankungen in die eine oder andere Richtung, die Kräfte auszubalancieren fällt schwer. Solche Menschen übertreiben oft den gefühlsmäßigen Ausdruck und schätzen die materiellen Mittel falsch ein. Sie können sich in ihrer Großzügigkeit, die schon fast zur Verschwendung neigt, verausgaben. Schmieden sie Pläne für die Zukunft, sind diese oft so überdimensioniert, dass sie unrealisierbar sind.

Der sehr enge Handtisch weist dagegen auf einen Menschen hin, der sich selbst im Wege steht, weil Verstand und

Gemüt sich gegenseitig behindern. Dies kann zu einer Engstirnigkeit im Denken führen, die auf einem großen Sicherheitsbedürfnis beruht. Was man kennt und sich im bisherigen Leben bewährt hat, wird auch weiterhin so gemacht. Ängstlichkeit, Kleinlichkeit, Pedanterie und Geiz können die Folge sein.

Das Handtisch-Viereck

Werden die Kopf- und Herzlinie von Saturn- und Merkurlinie gekreuzt, entsteht ein Viereck. Ist dieses Viereck deutlich zu sehen, spricht dies für ausgeprägte moralische und soziale Eigenschaften sowie eine wachen, regen Verstand.

Ein solcher Mensch kann das Leben leichtnehmen, aber gleichzeitig seine Pflichten erfüllen. Fehlt die Saturnalis bei einer solchen Konstellation, ist der Träger eher durch die

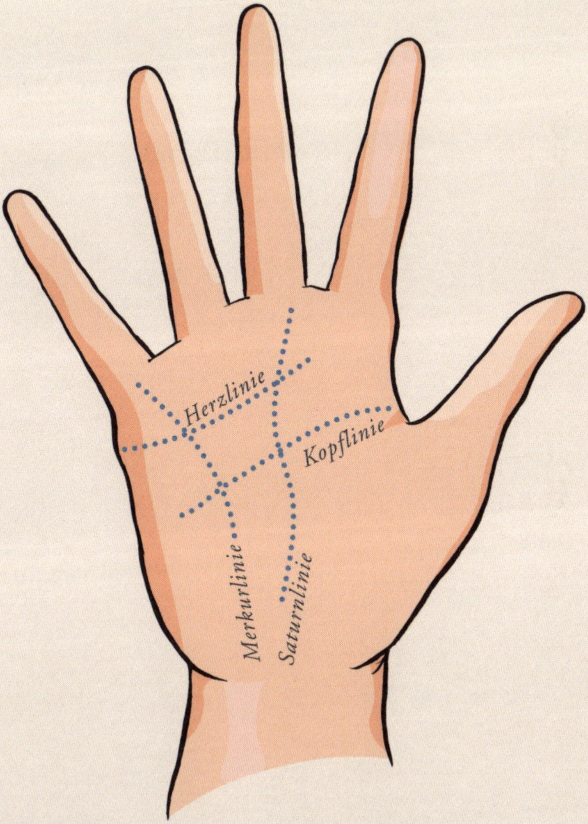
Herzlinie
Kopflinie
Merkurlinie
Saturnlinie

Du-Beziehungen geprägt, die emotionale Seite hat das Übergewicht. Fehlt hingegen die Merkurlinie, erfüllt ein solcher Mensch seine Verpflichtungen ohne große emotionale Belastung, er ist nüchtern und realistisch.

Die Handtisch-Dreiecke

Bilden Lebens-, Kopf- und Merkurlinie ein Dreieck, spricht man vom »großen Dreieck«. Es ist ein Symbol für die Vereinigung von vitaler Lebensenergie, scharfem Verstand und ausgezeichneter Ausdrucks- und Kommunikationsfähigkeit.

Je klarer die Winkel gezeichnet sind, desto leichter fließt die Energie von Linie zu Linie. Ein solcher Mensch wird immer an Studien, der Schärfung seines Verstandes und an Weiterbildung interessiert sein.

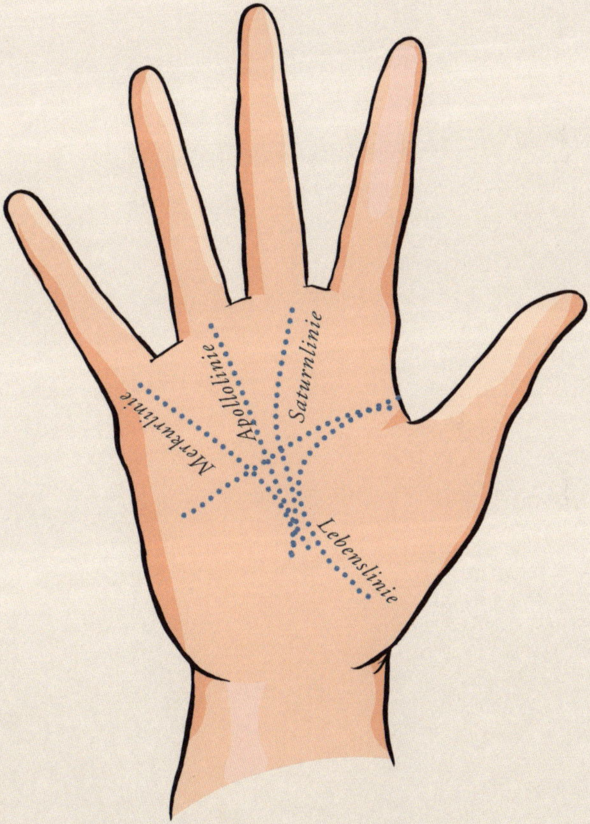
Apollolinie
Saturnlinie
Merkurlinie
Lebenslinie

Wird das Dreieck von Saturn-, Kopf- und Merkurlinie gebildet, entsteht das »kleine Dreieck«. Auch diese Kombination spricht bei guter Linienausprägung durch gute Verstandesqualitäten (Kopflinie) und hohes Einfühlungs- und Abstraktionsvermögen (Merkurlinie) für Interesse an wissenschaftlichen oder künstlerischen Betätigungen. Durch die Saturnlinie kommt noch Verantwortungsgefühl und der Sinn für Pflichterfüllung hinzu. Selbstständige berufliche Tätigkeiten kann ein solcher Mensch gut ausüben.

Laufen Merkur- und Saturnlinie weit über die Kopflinie hinaus in ihre Berge hinein, ergibt sich die Form eines Trichters, der auf gestalterische Fähigkeiten dieses Menschen schließen lässt.

Wird ein Dreieck aus Kopf-, Apollo- und Merkurlinie gebildet, spricht man vom »hohen Dreieck« oder dem »Auge Gottes«. Es offenbart das harmonische Zusammenspiel von Verstandeskräften, künstlerischen Fähigkeiten und Einfühlungsvermögen.

Die Ringe Salomons, Jupiters, Saturns und der Venus

Der Salomonring findet sich als kleiner Halbkreis auf dem Knöchel des Zeigefingers auf der Außenhand. Man behauptet von Menschen, bei denen der Salomonring gut sichtbar ist, dass sie philosophisch und sozial interessiert seien, wobei sie diese Tendenzen und Strömungen eher fühlend wahrnehmen als dass sie sich sie durch realistische Analyse angeeignet haben. Nicht nur durch gemachte Erfahrungen wirken diese Menschen weise; ihre Weisheit scheint gleichsam von innen zu kommen. Ein Salomonring-Träger ist oft auch immun gegen menschliche Bedürfnisse, weil sie ihm unwichtig erscheinen.

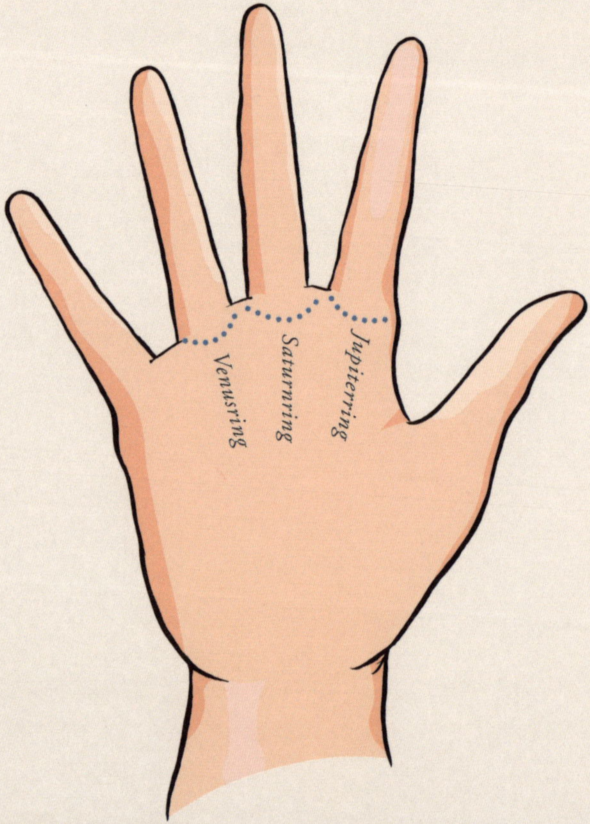
Venusring
Saturnring
Jupiterring

Hoch oben auf dem Jupiterberg, fast am Fingeransatz befindet sich als kleiner Halbkreis der Jupiterring. Man sollte Acht geben, ihn nicht mit den Beugefalten zu verwechseln. Einfühlsam und verständnisvoll können sich Menschen mit einem Jupiterring mit den Nöten und Sorgen ihrer Mitmenschen auseinander setzen. Der Jupiterring deutet ähnliche Anlagen wie der Salomonring an, doch mangelt es Trägern eines Jupiterrings oft an innerer Weisheit.

Unter dem Saturnfinger befindet sich ein kleiner Halbkreis oder eine aus zwei Linien gebildete Rundung. Träger eines solchen Saturnrings leiden unter den Missständen dieser Welt, ohne sie ändern zu können. Nur eine gut ausgebildete Kopflinie ermöglicht es, diese Einsichten in das Weltgeschehen zu formulieren und auszudrücken. Erst dann kann auf viele Annehmlichkeiten, die das Leben bietet, verzichtet werden, damit die selbst gesteckten Ziele erreicht werden.

Auch auf dem Ringfingerberg liegt unterhalb des Fingers ein kleiner Bogen, der so genannte Venusring. Zusammen mit einer festen Hand offenbart er ideelle Strömungen, bei weicher Hand kommen Bequemlichkeit, Sinnlichkeit und ein Bedürfnis nach Ruhe hinzu.

Die Raszetten

Die Linien, die um das Handgelenk herum laufen, werden Raszetten genannt. Oft sehen sie wie kleine Ketten aus.

In einem solchen Fall bedeuten sie für den Träger, dass Erfolg im Leben oder in geschäftlicher Hinsicht wahrscheinlich ist, der aber mit Anstrengungen verbunden sein wird. Unterstützt wird diese Deutung, wenn sich unter einer Kettenlinie noch ein oder zwei vollständige Linien

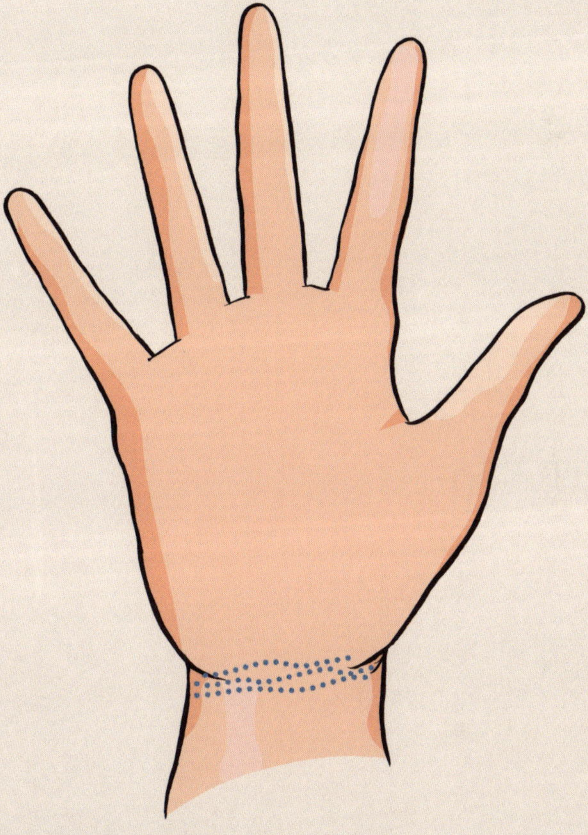

befinden. Sie lassen auf die notwendige Aktivität schließen, die notwendig ist, um Schwierigkeiten und Anstrengungen zu meistern. Sind diese Linien unterbrochen, deutet dies darauf hin, dass die Aktivitäten mehr schubweise eingesetzt werden.

Wölben sich die Raszetten Richtung Handgelenk, besitzt ein solcher Mensch den inneren Drang, um aktiv zu werden. Wölbt sich das Handgelenk mit den Raszetten eher Richtung Arm, gestaltet sein Träger sein Leben behutsamer und passiver.

Tipps zum Handlesen

Bei der Handanalyse ist wichtig, nicht nur das einzelne Detail zu erkennen und zu deuten, sondern das Gesamtbild der Hand zugrundezulegen. Wichtig sind immer die dominant erscheinenden Bereiche der Hand, also gut ausgeprägte Linien und Berge. Sie geben die Hauptrichtung an.

Kleine Linien, nicht gut sichtbare Teilstücke oder nicht vorhandene Linien sind Umwege, Abzweigungen, in den meisten Fällen Nebenwege, die auch als solche erst einmal zweitrangig zu beurteilen sind.

Die Aussenhand

Jede Handanalyse beginnt mit der Betrachtung der Außenhand. Notieren Sie sich Ihre Eindrücke. Um dann genauere Aussagen über die Form der Hand und ihre

Bedeutung treffen zu können, ist es hilfreich, sich ein regelrechtes Protokoll anzulegen.

Ein Merkmalsprotokoll könnte folgendermaßen aussehen:

Beschreibung der äußeren Eigenschaften

groß	hart	trocken
klein	fest	warm
breit	geschmeidig	kühl
schmal	weich	feucht

Handform

	links	rechts
spatelig		
eckig		
oval		
konisch		
gemischt		

Fingerform

	links 1	2	3	4	5	rechts 1	2	3	4	5
spatelig										
eckig										
konisch										
Taille oben										
Taille unten										

Nagelform

	links 1	2	3	4	5	rechts 1	2	3	4	5
spatelig										
eckig										
konisch										

Neigung der Finger

	links	rechts
Zeigefinger zum Daumen		
Zeigefinger zum Mittelfinger		
Mittelfinger zum Zeigefinger		
Mittelfinger zum Ringfinger		
Ringfinger zum Mittelfinger		
Ringfinger zum kleinen Finger		
Kleinfinger zum Ringfinger		
Kleinfinger nach außen		

Daumenabspreizung

	links	rechts
bis 30 Grad		
30 Grad bis 90 Grad		
über 90 Grad		

Versuchen Sie auf der Basis Ihres Protokolls und den Erläuterungen des jeweiligen Kapitels eine Beurteilung, was die verschiedenen Formen über die Grundtendenz Ihrer Hand im Zusammenhang mit dem jeweiligen Finger, seiner Grundbedeutung und seiner Form bedeuten. Widersprechen sich Grundtendenz Ihrer Hand mit der Finger- und Nagelform? Verstärken sie sich oder sind sie ausgewogen?

BERGE UND LINIEN

Nun haben Sie eine Basis, auf der Sie bei der Deutung der Fingerberge und Linien aufbauen können. Beginnen Sie mit der rechten Hand.

Handberge

	flach	erhöht	überhöht
Venusberg			
Marsberg			
Jupiterberg			
Saturnberg			
Apolloberg			
Merkurberg			
Plutoberg			
Mondberg			
Uranusberg			
Neptunberg			

Dieselbe Beobachtung führen Sie mit der linken Hand durch. Markieren Sie die Unterschiede, wenn Sie welche feststellen. Werden Sie sich klar über die Bedeutung zwischen Ausprägung des Fingerbergs und des Fingers. Wie sind die Kraftpotenziale verteilt? Erhält der Finger genügend Energie aus seinem Berg? Oder kann der Finger durch seine Kürze diese Kraft nicht nach außen vermitteln?

Versuchen Sie als Nächstes, die drei Hauptlinien zu identifizieren. Notieren Sie sich für Lebens-, Kopf- und Herzlinie jeweils Ansatz, Verlauf, Ende, Ausprägung und alle weiteren Merkmale.

Lebenslinie

Ansatz

hoch

normal

tief

Verkettung Kopflinie
Ast ...
... zur Kopflinie
... zur Herzlinie
... zur Saturnlinie
... zum Jupiterberg
... zum Saturnberg
... zum Apolloberg
... zum Merkurberg
... zum Venusberg

Länge
kurz
mittel
lang

Schwung

Ich-Bereich eng

Ich-Bereich rund

leicht in Du-Bereich

weit in Du-Bereich

Ausprägung

tief

oberflächlich

wellig

Brüche

Durchstriche

Inseln

Verdoppelungen

Impuls- und Energielinien

Mars- oder Angstlinie

Ende
Venusberg
Neptunberg
Mondberg
Gabel in Mondberg
Gabel in Neptunberg

Kopflinie

Ansatz
mit Lebenslinie
eigenständig
nach innen versetzt
schmaler Abstand zur Lebenslinie
zum Jupiterberg verschoben

Länge

Handmitte

kurz vor Handkante

in Handkante hinein

Ende

nach oben Mittelfinger

nach oben Ringfinger

nach oben Merkurfinger

gerade in Plutoberg

nach unten oberer Mondberg

nach unten unterer Mondberg

nach unten Neptunberg

Ausprägung

zittrig

verkettet

tief

oberflächlich
breit
Brüche
Verdoppelungen
Inseln
Durchstriche

Äste

in Herzlinie
am Ende
in Mondberg

Herzlinie

Ansatz

Handkante

nach innen verschoben

zwischen Pluto- und Merkurberg

tief angesetzt

hoch angesetzt

Länge

bis Jupiterberg/-finger

bis Saturnberg/-finger

bis Apolloberg/-finger

Schwung

harmonische Rundung
gerader Verlauf
durchhängend
kleiner Bogen am Ende nach oben/innen
kleiner Bogen am Ende nach unten

Verlauf

glatt
viele Äste
wellig
eine Mulde
dünn
tief
breit
Verkettungen
Striche
Inseln
Verdoppelungen
Brüche

Gabeln/Äste
Ast in Merkurberg
Ast aus Mondberg
Ast in Kopflinie
Ende Gabel in Jupiter- und Saturnberg

Die gesperrte Hand

	rechts	links
Sperrung durch Herz- und Kopflinie		
Sperrung durch Herzlinie		
Sperrung durch Kopflinie		

Wenn Sie diese Beobachtungen abgeschlossen haben, steht das Grundgerüst Ihrer Charakteranlagen. Vergleichen Sie auch Ihre linke und die rechte Hand. Diese Hauptlinien zusammen mit den Merkmalen der Außenhand und den Bergen ergeben bereits ein differenziertes Bild Ihrer Persönlichkeit. Gibt es Potenziale, die nur links angelegt sind? Weicht das Bild, wie Sie sich darstellen, von Ihren inneren Anlagen ab? Oder leben Sie harmonisch ausbalanciert, weil links und rechts Ihre Linien gleich ausgeprägt sind?

Durch die Möglichkeit der Zeiteinteilung von Lebens-, Kopf- und Herzlinie können Sie auch anhand Ihrer Erinnerung wichtige Phasen Ihres Lebens zuordnen. Wahrscheinlich werden Sie so manchen Aha-Effekt erleben.

Weitere Details

Die Nebenlinien sind nicht oder nur schwer in jeder Hand zu finden. Versuchen Sie trotzdem, sie zu erkennen. Der Verlauf der Schicksalslinie als eine der wichtigsten Nebenlinien dürfte unschwer zu verfolgen sein. Alle anderen Linien sind meist nicht so deutlich. Notieren Sie sich wie oben alle Eigenschaften der vorhandenen Linien.

Sagen die Nebenlinien ergänzend etwas zu den schon festgestellten Merkmalen Ihrer Persönlichkeit aus? Bringen sie neue Tendenzen ein? Erkennen Sie sich wieder? Oder eröffnen Ihnen diese Linien ganz neue Perspektiven?

Wenn Sie glauben, alle Details festgestellt zu haben, kommen Sie zum Abschluss. Nachdem Sie alle Merkmale protokolliert, bewertet und gedeutet haben, sollten Sie jetzt Ihren Abschlussbericht vornehmen. Beurteilen Sie sich so objektiv wie möglich – mit allen Stärken und Schwächen!

Weiterführende Literatur

- Altmann, Nathaniel: Handlinien der Liebe. Bern, 1985.
- Barrett, David V.: Handlinien und was sie bedeuten. Würzburg, 1998.
- Birla, Ghanshyam S.: Dein Karma in der Hand. Aitrang, 2003.
- Biwer, Anne L.: Handlesen auch für Kinderhände. Einführung und Anwendung. Darmstadt, 2001.
- Dallmeier, Georg: Handlesen. Formen und Linien – Zukunft und Charakter. München, 1999.
- Eisler-Mertz, Christiane: Handdeutung, Die geheimnisvolle Landschaft der Hände entschlüsseln. Niedernhausen, 2000.

- Eisler-Mertz, Christiane: Handlesen. Niedernhausen, 1999.
- Fenton, Sarah und Wright, Malcolm: Die Kunst des Handlesens. Erlangen, 1996.
- Gerhart, Helmut: Die Hand, Symbolschrift des Himmels. Zürich, 1984.
- Glas, Norbert: Die Hände offenbaren den Menschen. Stuttgart, 1994.
- Hürlimann, Gertrud: Handlesen. Zürich, 2002.
- Jahn, Elfriede: Das 1 × 1 des intuitiven Handlesens. Wien, 2002.

- Kindler, Hanspeter: Handlesekunst. Güllesheim, 2005.
- Koch, Werner: Das Handlese-Handbuch. Aitrang, 1998.
- Kohlschmidt, Siegfried: Handbuch der Chiromantie. Die Kunst des Handlesens. Cottbus, 2004.
- Liscum, Gary und Zong, Xiao-fan: Handdiagnose nach der Chinesischen Medizin. München, 2001.
- Magg, Manfred: Hand und Horoskop. Was Handlesen mit Astrologie verbindet. Tübingen, 2002.
- Mangoldt, Ursula von: Das große Buch der Hand. Bern, 1980.

- Mangoldt, Ursula von: Schicksal in der Hand. Bern, 1974.
- Oswald, Susanne: In Händen lesen. Berlin, 2005.
- Reid, Lori: Handlesen. Braunschweig, 1996.
- Ripota, Peter: Bildlexikon der Handlesekunst. Rastatt, 2005.
- Schüle, Carmen: Handlesen leicht gemacht. Gülles-heim, 2002.
- Tafel, Monika: Handlesen zum Selberlernen. München, 2000.

- Wenzel, Irmgard: Lehrbuch Handdiagnostik. München, 2004.
- West, Peter: Handlesen. Köln, 2005.

Register